# MANUEL PRATIQUE

POUR LE

# CHARGEMENT DES DISPOSITIFS DE MINE

## ET LA MISE DU FEU AUX FOURNEAUX

# MANUEL PRATIQUE

POUR LE

# CHARGEMENT

DES

# DISPOSITIFS DE MINE

## ET LA MISE DU FEU AUX FOURNEAUX

PARIS
A. QUANTIN, IMPRIMEUR-ÉDITEUR
ANCIENNE MAISON J. CLAYE
7, RUE SAINT-BENOIT

1880

# TABLE DES MATIÈRES

## OBSERVATIONS PRÉLIMINAIRES. — DÉFINITIONS.

## CHAPITRE PREMIER.

### CHARGEMENT DES FOURNEAUX.

## CHAPITRE II.

### AMORÇAGE DES FOURNEAUX.

### I. — PROCÉDÉE PYROTECHNIQUES.

## II. — PROCÉDÉS ÉLECTRIQUES.



## CHAPITRE III.

### DU BOURRAGE.

## CHAPITRE IV.

### MISE DU FEU AUX FOURNEAUX.

### I. — PROCÉDÉS PYROTECHNIQUES.



### II. — PROCÉDÉS ÉLECTRIQUES.

# MANUEL PRATIQUE

POUR LE

# CHARGEMENT DES DISPOSITIFS DE MINE

ET

# LA MISE DU FEU AUX FOURNEAUX.

---

## OBSERVATIONS PRÉLIMINAIRES. — DÉFINITIONS.

**1.** — On appelle *dispositif de mine* l'ensemble des aménagements préparés pour permettre de loger, dans des emplacements convenablement répartis, des charges de poudre [1] qui, par leur explosion, doivent produire un effet destructeur déterminé.

**2.** — Les emplacements destinés à recevoir les charges sont désignés sous le nom de chambres aux poudres, et prennent celui de fourneaux dès que les poudres y ont été déposées.

**3.** — Les dispositifs de mine ont généralement pour objet d'assurer la destruction, à un moment donné, des ouvrages d'art (*tunnels, ponts, viaducs,* etc.) placés sur les communications qu'on peut avoir intérêt à interdir à l'ennemi.

**4.** — Les instructions et circulaires des 13 juillet 1857, 22 janvier et 30 décembre 1877, donnent la description des types admis aujourd'hui par le ministre de la guerre pour les dispositifs de mine permanents des différents genres.

1. La dénomination de poudre, prise ici dans une acception générale, doit être considérée comme s'appliquant à tout explosif susceptible de produire l'effet que l'on a eu vue.

**5.** — Dans tout dispositif de mine, à quelque système qu'il appartienne d'ailleurs, on communique de l'extérieur avec les chambres aux poudres, par des puits, par des rameaux, par une combinaison de ces deux espèces de communications, ou enfin par des gaines ou des forages d'un diamètre trop faible pour qu'un homme puisse y pénétrer.

Les puits et les rameaux sont dits ascendants ou descendants selon qu'en partant de l'origine des communications, il faut, pour atteindre l'emplacement des poudres, monter ou descendre.

Dans les rameaux à forte pente, la circulation est facilitée par des escaliers.

**6.** — La mise en jeu d'un dispositif de mine permanent comporte plusieurs opérations principales, savoir :

1° *Le chargement du fourneau* comprenant le transport et la mise en place des poudres qui en constituent la charge ;

2° *L'amorçage du fourneau*, c'est-à-dire l'installation des engins pour la transmission du feu ;

3° *Le bourrage des puits,* gaines ou galeries d'accès ;

4° *La mise du feu* provoquant l'explosion.

Le présent manuel est destiné à servir de guide pratique pour les détails d'exécution de ces diverses opérations.

# CHAPITRE PREMIER.

## CHARGEMENT DU FOURNEAU.

**7.** — Tout dispositif de mine permanent doit avoir en principe son approvisionnement de poudre préparé à l'avance et déposé dans un magasin dépendant du service de l'artillerie. Ce n'est qu'exceptionnellement que cet approvisionnement est logé dans un local appartenant au service du génie, service qui est alors chargé de sa conservation, mais à titre de simple dépositaire (circulaire du 5 avril 1877).

### I. — RÉCIPIENTS DANS LESQUELS SONT ENFERMÉES LES POUDRES.

#### 1° RÉCIPIENTS AFFECTÉS AUX POUDRES DE GUERRE ORDINAIRES.

**8.** — Les poudres sont conservées en magasins, dans les récipients qui doivent servir au chargement des fourneaux.

Ces récipients diffèrent suivant les dimensions des chambres de mine et des communications qui y donnent accès ; ils varient également selon que les chambres sont sèches ou humides, exposées ou non à l'immersion.

**9.** — Les récipients aujourd'hui adoptés par le service du génie pour le chargement des dispositifs de mine permanents sont les suivants :

1° *Baril du service de l'artillerie, enchapé ou non,*

2° *Caisse du service de l'artillerie,*

3° *Baril à poudre en zinc,*

4° *Bouteille à poudre en tôle.*

A cette nomenclature on peut ajouter subsidiairement la *boite d'amorce* dont l'emploi a été prescrit par décision ministérielle du 5 septembre 1877, et pour les cas éventuels les *caisses à dynamite*.

**10. — Baril du service de l'artillerie.** — Le baril du

Fig. 1. — Baril du service de l'artillerie.

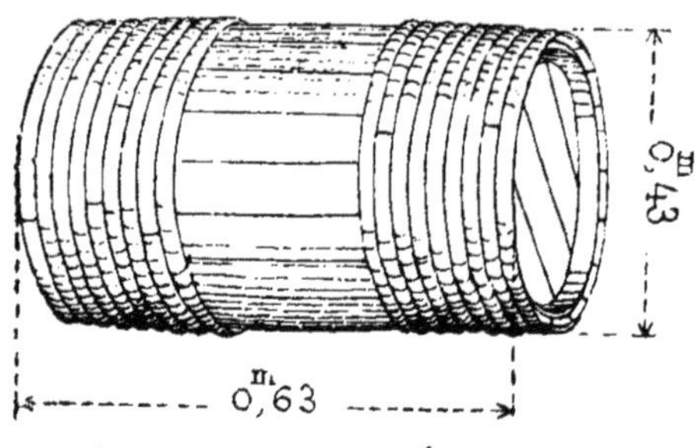


Vue perspective. — Éch. 1/20.

service de l'artillerie (fig. 1) contient 50 kilogrammes de poudre; il est enfermé dans une chape (fig. 2) qui n'est autre

Fig. 2. — Chape du baril du service de l'artillerie.

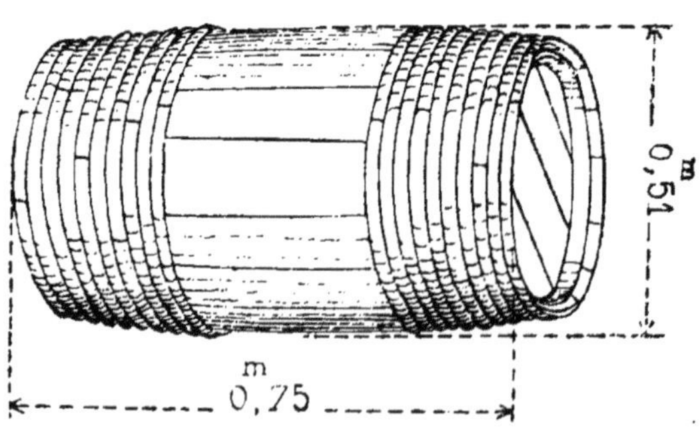


Vue perspective. — Éch. 1/20.

chose qu'un baril un peu plus grand. La chape et le baril sont construits en chêne et cerclés en bois. Dans l'un comme dans l'autre, un cercle est placé en dedans des douves au-dessus de chaque fond; il est maintenu en place, ainsi que le cercle extrême du dehors, par trois chevilles en bois dur qui traversent la douve intermédiaire.

*Poids et dimensions du baril du service de l'artillerie.*

| Baril | |
|---|---|
| sans chape. | — Longueur, 0,63. — Largeur, 0,43. — Poids, 60$^k$. |
| avec chape. | — Longueur, 0,75. — Largeur, 0,51. — Poids, 75$^k$. |

Les barils ne sont plus aujourd'hui employés qu'exceptionnellement pour le chargement des dispositifs de mine permanents ; on leur substitue, partout où il est possible, la caisse à poudre du modèle 1869 dont il va être parlé.

**11. — Caisse à poudre du service de l'artillerie.** — Ce récipient (fig. 3) se compose d'une caisse en peuplier gri-

Fig. 3. — Caisse à poudre du service de l'artillerie.

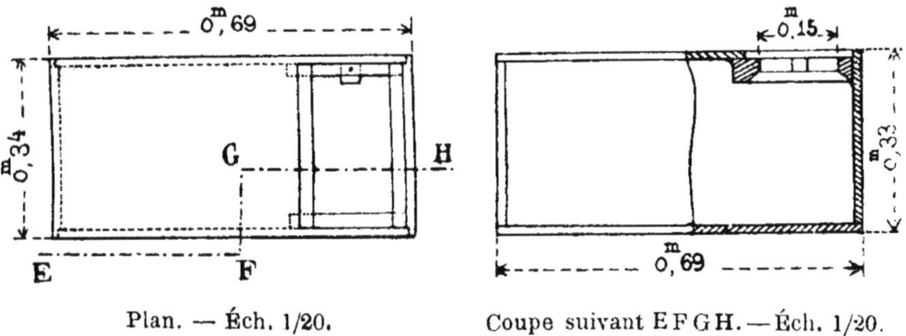


Plan. — Éch. 1/20. Coupe suivant EFGH. — Éch. 1/20.

sard, revêtue d'une feuille de zinc de 0$^{mm}$,8 d'épaisseur, avec une ouverture de 0$^m$,25 sur 0$^m$,15, fermée par un tam-

Fig. 4. — Tampon de fermeture de la caisse du service de l'artillerie.

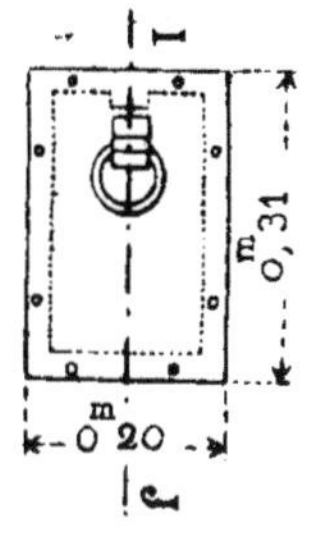


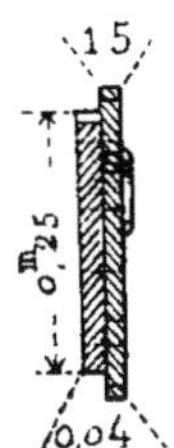


Plan. — Éch. 1/20 Coupe. — Éch. 1/20.

pon en bois également revêtu de zinc (fig. 4) et portant un anneau de cuivre qui sert à le soulever. Cette caisse, dans laquelle est logée la poudre, est renfermée dans une chape en sapin ou en peuplier (fig. 5) consolidée sur chaque bout

Fig. 5. — Chape de la caisse du service de l'artillerie.

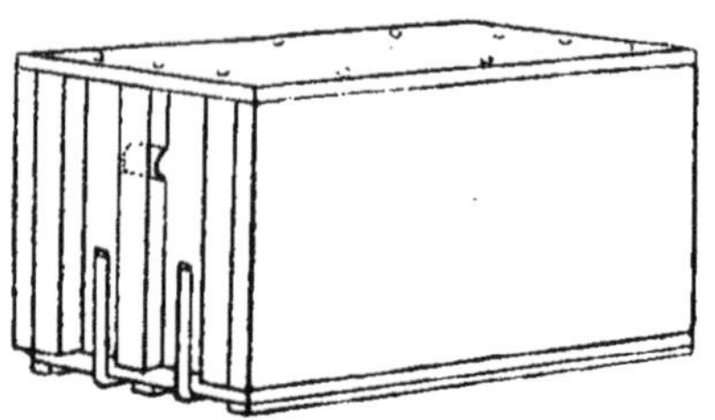

Vue perspective. — Éch. 1/20.

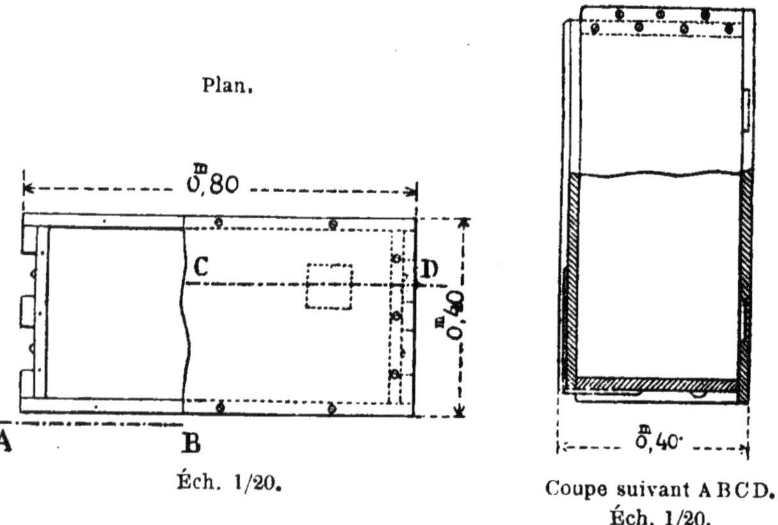


Éch. 1/20.

Coupe suivant ABCD.
Éch. 1/20.

par trois épars en bois dont l'intermédiaire est traversé par une encoche destinée à donner passage à une poignée en corde s'adaptant au moment du besoin. Le dessus de la chape formant couvercle est fixé par des vis à bois en cuivre.

*Poids et dimensions de la caisse à poudre du service de l'artillerie.*

Caisse à poudre
- sans chape. — Longueur, 0,69. — Largeur, 0,34. — Hauteur, 0,33. — Poids, 67 à 68k.
- avec chape. — Longueur, 0,80. — Largeur, 0,40. — Hauteur, 0,40. — Poids, 87 à 88k.

Les caisses à poudre présentent sur les barils l'avantage de se prêter à un engerbement plus facile, et surtout celui de mieux soustraire à l'action de l'humidité les poudres qui y sont renfermées. Ces caisses, toutefois, ne peuvent convenir au chargement des chambres exceptionnellement humides ou exposées à être envahies par les eaux, chargement pour lequel il faut recourir à l'emploi du baril en zinc.

**12. — Baril à poudre de zinc. —** Ce récipient (fig. 6)

Fig. 6. — Baril à poudre en zinc.

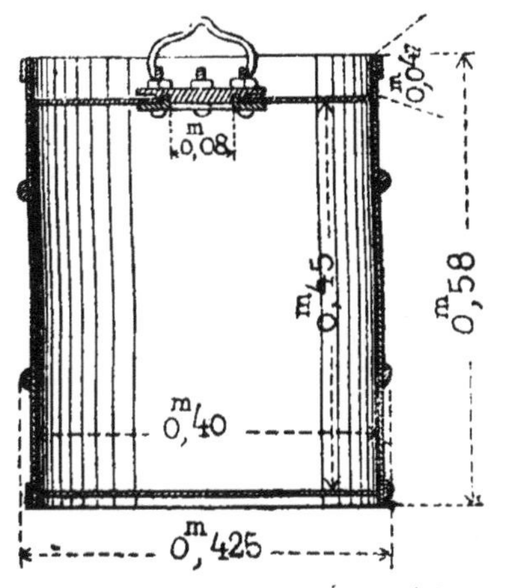

Coupe suivant AB. — Éch. 1/15.

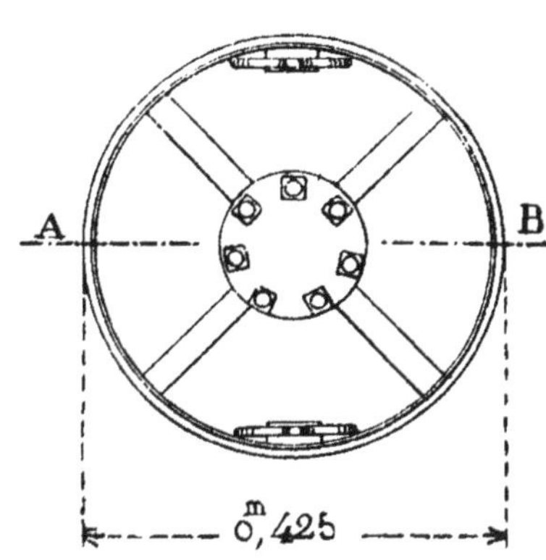


Plan. — Éch. 1/15.

adopté par décision ministérielle du 5 septembre 1877 pour le chargement des dispositifs qui ne sont pas suffisamment à l'abri de l'eau contient 50 kilogrammes de poudre; il est construit en zinc n° 19 de $1^{mm},48$ d'épaisseur et affecte la forme d'un cylindre cerclé en fer. Les deux fonds du baril sont renforcés par des bandes de fer méplat ou par des nervures disposées suivant la direction des rayons.

Au centre de l'un de ces fonds se trouve une ouverture circulaire de 80 millimètres de diamètre dont les bords sont renforcés par un anneau de zinc de 8 millimètres d'épaisseur, disposé en forme de cornière (fig. 6 et 7) et formant extérieurement une saillie de 5 millimètres environ. La portion de l'anneau appliquée contre la face intérieure du fond est traversée par sept boulons qui traversent également la feuille de zinc au-dessus de laquelle ils saillissent de 40 millimètres.

La fermeture de l'orifice est obtenue par une plaque cir-

Fig. 7. — Plaque de fermeture du baril en zinc.

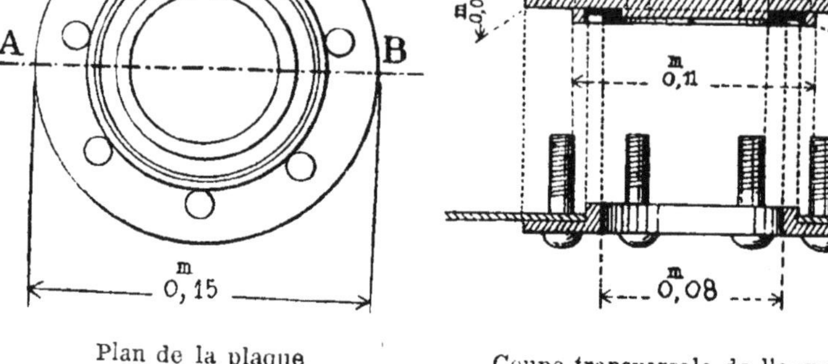


Plan de la plaque vue en dessous. Éch. 1/5.

Coupe transversale de l'ouverture et de la plaque de fermeture. Éch. 1/5.

culaire en zinc de $0^{m},15$ de diamètre (fig. 7) ; cette plaque est percée de sept trous qui viennent s'engager dans les sept boulons dont il vient d'être parlé ; son épaisseur est de 5 millimètres vers les bords et de 10 millimètres dans la partie centrale, laquelle présente la forme d'un disque concentrique à la plaque, en saillie sur cette dernière. Dans la partie ainsi renforcée est pratiquée une rainure circulaire de 10 millimètres de largeur et de 5 millimètres de profondeur où se trouve logée une rondelle en feutre suiffé. La plaque étant engagée dans les boulons, ainsi qu'il est dit plus haut, la rondelle de feutre vient s'appliquer exactement sur l'anneau en saillie autour de l'ouverture, et il suffit alors de visser les écrous et de les serrer pour obtenir une fermeture hermétique.

Du côté où se trouve l'ouverture, contre le cercle surmontant le fond sur lequel elles peuvent se rabattre, sont fixées deux anses ou poignées en fer qui facilitent le maniement du baril dans les manœuvres que comportent les mouvements de ce matériel.

Le récipient en zinc est enfermé dans une chape en bois en forme de baril (fig. 8). Les douves, les cercles et les fonds

Fig. 8. — Chape du baril en zinc.

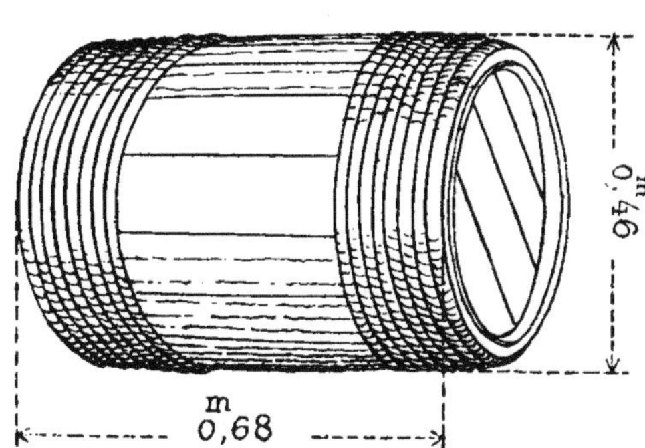


Vue perspective. — Éch. 1/20.

de la chape en question sont en bois de chêne ou de châtaignier ; au-dessus de chacun de ces fonds, et à l'intérieur de la couronne circulaire en saillie formée par l'extrémité des douves, est disposé un cercle relié au cercle extérieur correspondant par des chevilles de bois dur. Ces deux cercles sont aussi quelquefois simplement cloués sur les douves par des pointes en cuivre.

Le fond de la chape, placé du côté opposé à celui où se trouve l'ouverture, porte à l'extérieur la marque P G M.

*Poids et dimensions du baril à poudre en zinc.*

| | | | | |
|---|---|---|---|---|
| Baril en zinc. | sans chape | — Longueur, 0,58. | — Largeur, 0,425. | — Poids, 68k |
| | avec chape. | — Longueur, 0,69. | — Largeur, 0,50. | — Poids, 83k |

**13. — Bouteilles à poudre en tôle. —** Les bouteilles en tôle (fig. 9) sont affectées exclusivement au chargement des dispositifs à forage exécutés suivant les indications de l'instruction ministérielle du 22 janvier 1877, dispositifs dans lesquels on communique à l'emplacement des poudres par des puits ou gaines de 0m,30 de diamètre.

Les récipients en question ont la forme d'un cylindre ou, plus rigoureusement, d'un tronc de cône terminé à chacune de ses extrémités par une calotte sphérique; leur diamètre hors œuvre est de 265 millimètres à la partie supérieure, et de 240 millimètres à la base.

Fig. 9. — Bouteille à poudre en tôle.

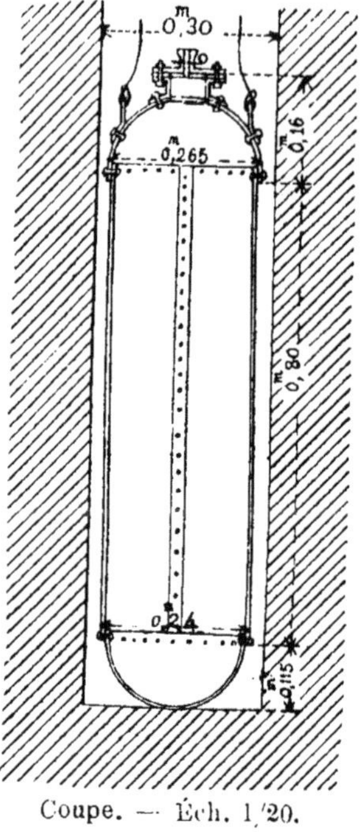


Coupe. — Éch. 1/20.

Une ouverture circulaire de $0^{m},06$ est ménagée pour l'introduction de la poudre[1] (fig. 10). Cette ouverture est munie d'un collet en tôle sur lequel on boulonne un couvercle en bronze; une rondelle en caoutchouc interposée empêche l'humidité de pénétrer par le joint. La partie centrale du couvercle est renflée en forme de bouchon et percée d'un canal cylindrique de 8 à 10 millimètres de diamètre, par lequel on introduit le cordeau porte-feu imperméable (§ 58) servant à la transmission du feu. Ce bouchon est traversé par une goupille servant à fixer le cordeau, et son entrée est recouverte, comme celle des anciens obus sphériques, de deux rubans en croix; en outre, une coiffe en plomb ou en étain, facile à arracher, enveloppe toute la tête du bouchon. Deux oreilles où s'attachent les cordes qui servent à descendre le récipient dans le puits de forage sont rivées à la calotte sphérique supérieure.

La longueur des bouteilles métalliques varie suivant la charge qu'elles doivent contenir; les deux types le plus généralement adoptés correspondent aux charges de 30 et de 40 kilogrammes. La bouteille du premier type a une lon-

1. On donne aujourd'hui à cette ouverture 75 millimètres de diamètre.

gueur de $1^{m},09$ et pèse vide environ $22^{kil},500$. Celle du second a une longueur de $1^{m},34$ et un poids approximatif de $27^{kil},500$. Tous ces récipients sont construits d'ailleurs en tôle dont

Fig. 10. — Détails de la fermeture d'une bouteille à poudre en tôle.

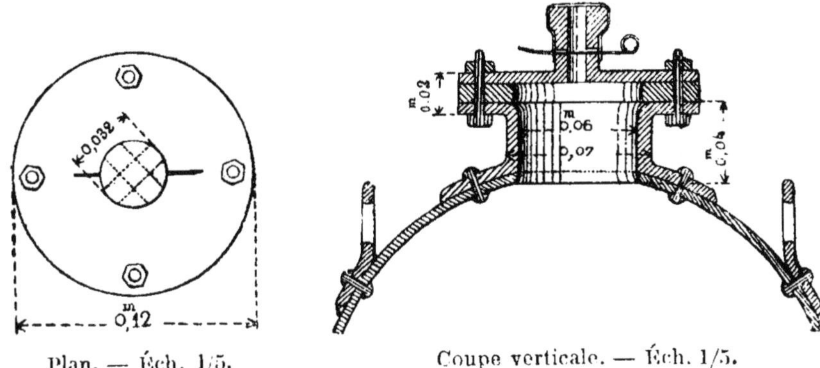

Plan. — Éch. 1/5. Coupe verticale. — Éch. 1/5.

l'épaisseur est de 5 millimètres pour les calottes sphériques, et de 3 millimètres pour la partie tronconique.

**14. — Boîte d'amorce.** — L'emploi de la boîte d'amorce (fig. 11) a été prescrit par décision ministérielle du 5 septembre 1877 pour faciliter l'amorçage du fourneau. Cette boîte, de forme cubique, est construite en zinc n° 14 de $0^{mm},87$ d'épaisseur ; elle a extérieurement $0^{m},18$ de côté, contient 4 kilogrammes de poudre, et pèse étant remplie $5^{kil},500$.

Fig. 11. — Boîte d'amorce.

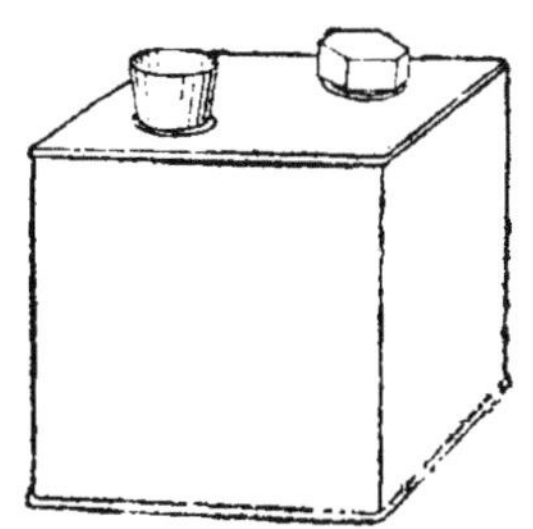
Vue perspective. Éch. 1/10.

Sur une de ses faces sont disposées deux tubulures. La première, d'une hauteur de 18 millimètres et dont le diamètre intérieur a 36 millimètres, est taillée en pas de vis extérieurement et se ferme par un écrou à chapeau de forme hexagonale, muni intérieurement d'un tampon de caoutchouc. La deuxième forme une saillie de 25 millimètres; elle est légèrement évasée et présente une ouverture de 36 millimètres à son origine, et de 40 millimètres à son extrémité. Cette dernière tubulure est fermée par un bouchon de liège remplissant exactement le canal tronconique et le dépassant de quelques millimètres.

**15.** — On peut avoir à se servir accidentellement de récipients autres que ceux qui ont été décrits ci-dessus; ces récipients sont alors le plus souvent des caisses en bois ou en métal, dont les dimensions sont commandées par celles des chambres de mine qui doivent les contenir. Il existe en outre, et particulièrement sur les territoires étrangers, des dispositifs de mine permanents dont le chargement, qui ne comporte l'emploi d'aucun récipient, s'opère en versant directement les poudres dans les chambres avec lesquelles on communique le plus souvent par l'intermédiaire d'un canal étroit ayant son orifice à l'extérieur.

### 2° CAISSES A DYNAMITES.

**16.** — Jusqu'à ce jour, l'emploi de la dynamite pour le chargement des dispositifs de mine permanents n'a pas été adopté en principe; le cas est à prévoir cependant où l'on aurait à se servir éventuellement de cette substance.

Les caisses en service pour le transport et l'emmagasinement de la dynamite sont :

1° La *caisse de la manufacture de Vonges ;*

2° La *caisse de l'artillerie ;*

3° Les *caisses du service du génie* pour le transport des munitions confectionnées;

4° Et subsidiairement les *caisses pour le chargement des dispositifs de mine.*

**17.** — **Caisse de la manufacture de Vonges.** — Cette caisse, construite en bois léger, a extérieurement $0^{m},845$ de long, sur $0^{m},370$ de large et $0^{m},205$ de hauteur; elle contient dix boîtes prismatiques ayant $0^{m},150$ de hauteur et une base carrée de $0^{m},160$ de côté. Chacune de ces boîtes renferme $2^{kil},500$ de dynamite en vingt-cinq cartouches de papier doublé d'étain; elle est fermée par un couvercle en bois, maintenu en un de ses points par une pointe formant axe de rotation, et fixé au moyen de bandes de papier collées sur ses arêtes.

**18. — Caisse du service de l'artillerie.** — La caisse adoptée par l'artillerie pour le transport de la dynamite est également en bois. Deux feuilles de tôle la divisent à l'intérieur en trois grands compartiments dont deux renferment chacun trois boîtes de vingt-cinq pétards[1] et le troisième 150 mètres de cordeau Bickford. Les boîtes à pétards, à peu près semblables à celles de Vonges, sont garnies de cuir à l'intérieur; les cartouches métalliques y sont serrées par un bourrage d'étoupes ou d'amadou. Les feuilles d'amadou, qui servent à la mise du feu, sont disposées à plat au-dessus des boîtes contre lesquelles elles sont pressées par le couvercle de la caisse.

**19. — Caisses du service du génie.** — Elles ont $0^m,795$ de longueur, $0^m,235$ de largeur et $0^m,302$ de hauteur. Leur couvercle est à recouvrement.

La caisse des parcs de compagnie est doublée à l'extérieur d'une feuille en tôle d'acier; elle contient $22^k,750$ de dynamite, répartis en 140 cartouches de 100 grammes, 70 pétards prismatiques de 100 grammes et 70 pétards cylindriques de 25 grammes.

La caisse du caisson à poudre des parcs de corps d'armée n'a pas de doublure métallique; elle contient 140 cartouches de 100 grammes, 100 pétards prismatiques de 100 grammes et 100 pétards cylindriques de 25 grammes.

**20. — Caisses pour le chargement des dispositifs de mine.** — Ces caisses peuvent être disposées intérieurement comme celles de Vonges; leurs dimensions d'ailleurs n'ont rien d'absolu et doivent être réglées de manière à leur faire contenir un nombre exact de boîtes de 25 cartouches, en ayant égard en outre aux dimensions des chambres et surtout à celles des rameaux et puits d'accès. Dans le cas où les chambres sont exposées à être submergées et où le chargement des fourneaux est constitué avec des cartouches métalliques de dynamite (pétards), on peut se dispenser de

1. Les pétards sont des cartouches à enveloppe métallique.

rendre étanches les caisses dans lesquelles les charges sont renfermées.

**21.** — En principe, chaque caisse de dynamite doit porter, sur sa face antérieure, une étiquette indiquant le poids et l'espèce des munitions qu'elle contient, avec indication de l'année de la fabrication de la dynamite qui a servi à confectionner ces munitions. Les caisses qui doivent servir au chargement d'un dispositif de mine portent en outre l'indication de ce dispositif et même, au besoin, celle du fourneau au chargement duquel elles sont affectées.

## II. — TRANSPORT DES POUDRES.

**22.** — Les transports à grandes distances s'exécutent suivant les cas, par chemins de fer, par voitures attelées de chevaux ou par bateaux.

Les mesures à prendre pour le transport par chemins de fer sont déterminées par le règlement du 30 mars 1877 (*Journal militaire*, année 1877, 2e semestre) modifiant le règlement du 25 juillet 1873, relatif au même objet.

Dans les transports par voitures, les caisses ou barils toujours enchapés et disposés sur quatre de hauteur au plus, sont assujettis de manière à éviter tout frottement. Le chargement doit être bien bâché en paille et recouvert d'une toile très serrée.

Dans les transports par eau, les caisses ou barils sont empilés sur des planches à 0m,10 du fond du bateau. Il faut écoper fréquemment les eaux et laisser à cet effet des espaces libres dans la largeur, de 0m,70 environ.

Tout convoi de poudre doit être accompagné d'une escorte suffisante; un homme de l'escorte est attaché à chaque voiture.

**23.** — Les caisses ou barils ne doivent être, autant que possible, ni traînés, ni roulés, ni brouettés; on est obligé toutefois de s'affranchir de cette règle, dans les opérations du chargement des dispositifs. Pour les transports à courtes distances, tels que ceux que comportent les mouvements de magasin ou les manipulations à proximité des lieux de dépôt, on se sert, s'il s'agit de barils, d'une civière en toile ou d'un levier et d'une double sangle enveloppant le tonnelet. Quant aux caisses à poudre, elles sont transportées à l'aide d'un levier passé dans les deux poignées en cordes fixées à la chape (§ 11). Les bouteilles en fonte sont traitées comme les barils.

## III. — TRANSVASEMENT DES POUDRES

**24.** — Les poudres en approvisionnement sont expédiées par le service de l'artillerie dans les barils enchapés, ou dans les caisses (§§ 10 et 11) et elles sont conservées dans ces mêmes récipients, lorsque ceux-ci doivent servir au chargement des dispositifs de mine auxquels les approvisionnements sont affectés; mais, lorsque ces chargements exigent l'emploi de récipients spéciaux, il faut nécessairement opérer le transvasement des poudres, soit au moment du dépôt dans les magasins, soit éventuellement au moment du chargement des fourneaux.

L'opération du transvasement doit se faire en principe à proximité mais en dehors des magasins; elle comprend l'ouverture des caisses ou barils du service de l'artillerie; l'ouverture, le remplissage et la fermeture des récipients spéciaux.

### Ouverture des barils du service de l'artillerie.

**25.** — Pour ouvrir un baril du service de l'artillerie, il faut : 1° le sortir de sa chape; 2° le défoncer.

Les outils nécessaires sont : 1 maillet; — 1 ciseau en bronze; — 1 chassoir de tonnelier; — un tire-fond en cuivre.

**26.** — Pour sortir un baril de sa chape : le poser sur une toile ou un prélart, debout sur un de ses fonds; couper les chevilles avec le ciseau entre la douve et les deux cercles enserrant la couronne; arracher le cercle intérieur, faire sauter avec le chassoir et le maillet les premiers cercles extérieurs; enfoncer le fond de la chape et le retirer ensuite. Ceci fait, coucher la chape sur le côté, la relever avec précaution sur son extrémité ouverte, en maintenant le baril intérieur pour l'empêcher de glisser brusquement, puis, lorsque celui-ci repose sur le sol par son fond libre, enlever la chape qui le coiffe, le visiter et l'épousseter soigneusement de manière qu'aucune trace de pulvérin ne reste à sa surface.

Les barils déchapés ne doivent être maniés qu'avec précaution; il faut s'abstenir, sauf les cas d'urgence, d'en rebattre les cercles, ou d'y faire toute autre réparation qui comporterait l'emploi d'ouvriers spéciaux.

Dans le cas d'une réintégration, les barils devront toujours être préalablement remis en chape par des hommes exercés à ce genre de travail. Ils ne sont jamais conservés dans les magasins autrement qu'enchapés.

**27.** — Pour ouvrir le baril, on en opère le défonçage en procédant de la même manière que pour le défonçage de la chape (§ 26).

### Ouverture de la caisse du service de l'artillerie.

**28.** — Les outils nécessaires sont un tournevis emmanché, en fil de laiton écroui, ou une lame de tournevis de même métal adaptée à un vilebrequin; un levier en bois ou, à défaut, un manche d'outil.

L'opération s'exécute ainsi qu'il suit: la caisse étant placée sur une toile ou un prélart, 1° dévisser le couvercle et le retirer; 2° enlever avec la lame du tournevis le mastic qui garnit les joints de l'ouverture de la caisse; 3° dévisser avec précaution le tampon de la caisse; au besoin passer un levier ou le manche d'outil dans l'anneau et faire une pesée sur le dessus de la caisse pour enlever le tampon.

### Ouverture, remplissage et fermeture du baril en zinc.

**29.** — Pour ouvrir le baril en zinc, il faut : 1° défoncer la chape; 2° enlever la plaque de fermeture.

Les outils nécessaires pour ces opérations sont : 1 maillet; — 1 ciseau en bronze ; — 1 chassoir de tonnelier; — 1 tire-fond ; — 1 repoussoir; — 1 marteau et 1 clef (fig. 12) ; ces quatre derniers outils en bronze.

**30.** — Le défonçage de la chape s'exécute ainsi qu'il suit: placer le baril enchapé, debout sur le fond portant la marque P G M ; à l'aide du marteau et du repoussoir, chasser les chevilles qui relient au dernier cercle extérieur le cercle au-dessus du fond ; enlever avec précaution, en s'aidant du ciseau, du maillet et du chassoir, ces deux premiers cercles d'abord, puis ensuite quatre ou cinq des cercles suivants ; enfin retirer le fond en se servant du tire-fond s'il est nécessaire.

Fig. — 12. Clef, en bronze, pour l'ouverture et la fermeture du baril en zinc et de la boîte d'amorce.

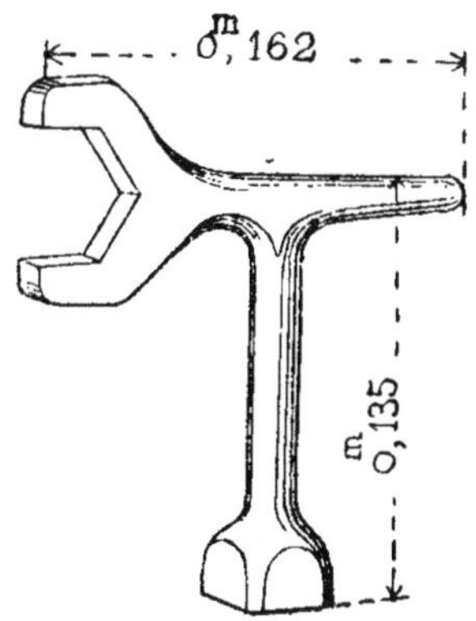


Vue perspective. — Éch. 1/5.

**31.** — Le fond de la chape étant enlevé, il suffit pour ouvrir le baril de dévisser les sept écrous maintenant la plaque de fermeture et de retirer cette plaque.

**32.** — Le remplissage s'opère à l'aide d'une main en cuivre et d'un entonnoir en cuivre ou en zinc.

Le baril, après qu'on en a vérifié soigneusement l'état, étant disposé dans sa chape, debout sur un prélart à proximité du récipient contenant les poudres, puiser dans ce dernier avec la main en cuivre et verser les poudres avec précaution dans le baril en zinc, en s'aidant de l'entonnoir qui a dû au préalable être disposé sur l'ouverture du baril à remplir. Lorsque le remplissage est sur le point d'être terminé, égaliser de temps à autre la surface des poudres, soit avec la main, soit avec un morceau de bois, si la main ne peut passer par l'ouverture.

L'opération faite, épousseter avec soin le dessus du baril et principalement les filets des écrous de fermeture pour enlever tous les grains de poudre qui pourraient s'y trouver.

**33.** — Les outils à employer pour fermer le baril sont les mêmes que ceux qui servent à l'ouvrir ; il faut y ajouter toutefois quelques pointes en cuivre de 20 à 25 millimètres.

La fermeture complète comprend : 1° l'assujettissement de la plaque en zinc; 2° le replacement du fond de la chape.

**34.** — Avant de procéder à l'assujettissement de la plaque, il faut vérifier d'abord l'état de la rondelle en feutre gras et la suiffer à nouveau s'il est nécessaire; ceci fait, engager la plaque dans les écrous, y adapter ensuite les boulons et les amener tous au contact de la plaque sans les serrer, puis effectuer le serrage peu à peu en agissant successivement à plusieurs reprises sur chacun d'eux.

L'opération demande à être conduite avec soin, un serrage inégal des boulons occasionnerait une fermeture défectueuse.

**35.** — Pour fermer la chape : engager le fond à replacer dans la rainure circulaire pratiquée dans les douves [1], (l'emploi du tire-fond facilitera cette opération); replacer successivement tous les cercles enlevés à l'aide du chassoir de tonnelier et du maillet; enfin clouer par quatre pointes en cuivre, contre les douves, les deux cercles embrassant la couronne en saillie formée par l'extrémité de ces douves au-dessus du fond rétabli, en ayant soin de placer les pointes vers le milieu des pièces de merrain.

**36.** — L'opération de la fermeture une fois terminée, on se débarrasse des poudres répandues sur le prélart, et si, à défaut de prélart, ces poudres ont été répandues sur le sol, on les noie immédiatement par une aspersion abondante.

## Ouverture, remplissage et fermeture de la bouteille en tôle.

**37.** — Se munir des outils suivants : 1 clef en bronze; — 1 main en cuivre; — 1 entonnoir également en cuivre ou en zinc.

Enlever, après avoir dévissé les écrous, la plaque en bronze

1. Cette rainure porte le nom de jable.

de fermeture (§ 13); remplir de poudre la bouteille, en opérant comme il est dit (§ 32), puis replacer la plaque, en apportant dans le serrage des écrous les précautions indiquées (§ 34).

Pendant toute la durée des opérations, la bouteille doit être maintenue dans une position verticale, soit par un aide, soit par un système de calage solidement agencé.

### Ouverture, remplissage et fermeture de la boîte d'amorce.

**38.** — Même outillage que pour le transvasement des poudres dans la bouteille en fonte.

Le transmetteur du feu ayant été disposé dans la boîte d'amorce ainsi qu'il est expliqué plus loin (§§ 67 à 69 ou § 97), suivant les cas; enlever, en s'aidant au besoin de la clef, le chapeau à écrou fermant la tubulure taraudée; remplir la boîte en se conformant aux indications données (§ 32); essuyer soigneusement les filets de la tubulure ouverte, les graisser, et replacer enfin l'écrou à chapeau.

## IV. — INSTALLATION DES CHARGES DANS LES CHAMBRES DE MINES.

**39. — Dispositions préparatoires.** — Avant de procéder à l'installation des poudres d'un dispositif de mine, il faut ouvrir les voies d'accès conduisant aux chambres, visiter ces voies avec soin et y faire disparaître tous les obstacles de nature à entraver la circulation des récipients contenant les poudres. Dans le cas où les chambres sont envahies par les eaux, un épuisement est nécessaire. Cet épuisement se fait, suivant les circonstances et les ressources dont on dispose, à l'aide de seaux attachés à des cordes ou de pompes aspirantes.

Les chambres étant supposées dans un état de siccité suffisant, on disposera sur le sol de ces chambres un lit de paille ou des pièces de bois formant chantiers, sur lesquels devront reposer les récipients. Si le chargement doit se faire avec des barils en zinc (§ 12), cette précaution n'est pas nécessaire. (Dans tous les cas, les récipients sont placés dans les chambres complètement fermés.)

### DESCENTE DES POUDRES DANS UN PUITS.

**40.** — Quand le chargement du fourneau doit être constitué avec des barils du service de l'artillerie (§ 10), il faut être muni : 1° de 2 cordes de longueur convenable, portant une boucle à une de leurs extrémités ; 2° de 2 cordelettes de 1 mètre de longueur environ.

L'opération s'exécute avec deux hommes ainsi qu'il suit :

Fig. 13. — Système de sangles pour la descente des barils.

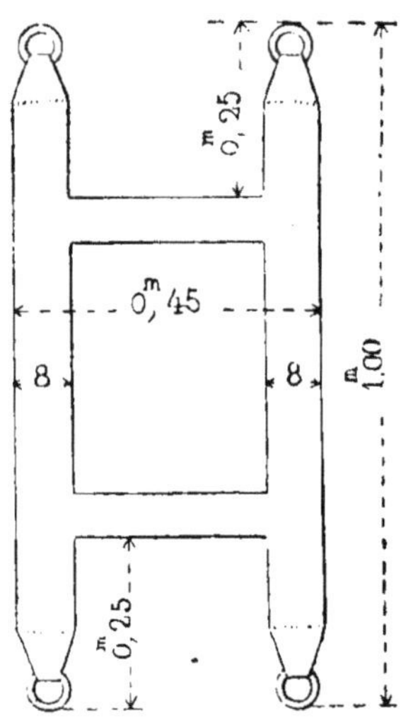


Éch. 1/20.

Ajustage des sangles au baril.

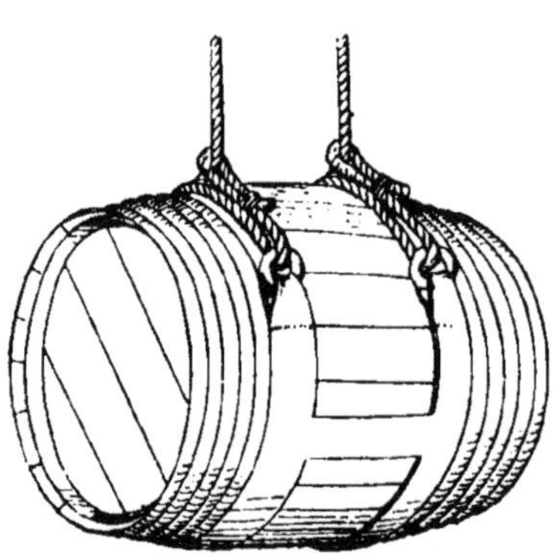

Vue perspective. — Éch. 1/20.

une couche de paille de 0m,10 à 0m,12 est disposée au fond du puits; le baril enchapé ou non, suivant les exigences résultant des dimensions de la chambre, est saisi à 0m,12 environ de chacune de ses extrémités par deux nœuds coulants formés aux extrémités des deux cordes, les boucles en dessus ; puis les deux couronnes de cordes sont reliées l'une à l'autre au moyen des deux cordelettes qui empêchent ainsi leur écartement. Le baril est alors descendu par deux hommes manœuvrant les cordes.

On peut se servir, pour faciliter l'opération, d'un système formé de deux sangles parallèles de 1 mètre à 1ᵐ,10 de longueur portant des anneaux à chacune de leurs extrémités et réunies par deux liens disposés transversalement à 0ᵐ,20 de chacune de leurs extrémités (fig. 13). Le baril étant enveloppé dans les deux sangles, chacune des cordes est passée dans les deux anneaux correspondants qu'elle relie l'un à l'autre par un nœud coulant, comme l'indique la figure.

Si les poudres sont renfermées dans des caisses du service de l'artillerie (§ 11), il suffit pour en opérer la descente, de deux cordes que l'on attache aux deux poignées par des nœuds gansés, ou par tout autre système permettant de les dégager facilement. Dans le cas où les dimensions du puits obligeraient à y engager les caisses par leur petit côté, on opérerait alors avec une seule corde fixée à une seule poignée.

Les barils en zinc, décrits § 12, s'emploient toujours sans chape et sont descendus sans difficulté aucune dans les puits de toute nature au moyen de deux cordes attachées aux deux anses dont ils sont munis.

**41.** — Dès qu'un récipient est arrivé au fond d'un puits, un homme descend pour le dégager de ses liens et le conduire jusqu'à la chambre aux poudres, où il est logé immédiatement. Des cales en bois sont disposées pour le maintenir solidement dans sa position.

L'emploi d'un court levier en bois dur facilite la manœuvre.

Lorsqu'il n'y a qu'un seul rameau débouchant dans le puits, ou qu'il ne s'y trouve aucune retraite où puisse s'abriter le mineur chargé de l'opération, il faut de toute nécessité attendre le retour de celui-ci avant de descendre un nouveau récipient.

## Circulation des poudres dans les rameaux.

**42.** — Dans le cas où les poudres ont à circuler dans un rameau assez long pour que, traînés ou poussés par le mineur, les récipients contenant les charges ne puissent sans difficulté être amenés à leur emplacement définitif, on se sert, pour le transport de ces récipients, d'un petit traîneau (fig. 14) que l'on fabrique avec des morceaux de madriers, et qui est formé de deux brancards, deux épars et deux arrêtoirs de bouts, le tout assemblé avec des chevilles et pouvant se démonter sous le récipient lui-même lorsque celui-ci est arrivé près de la chambre aux poudres.

On est parfois dans la nécessité d'amarrer les barils sur le traîneau ; les brancards dans ce cas devront porter à leur partie inférieure, vers leurs extrémités, des entailles dans lesquelles passeront les cordes d'amarrage. On peut aussi, pour faciliter l'opération, fixer à l'avance à ces brancards les cordes ou sangles qui serviront à attacher les barils.

Fig, 14. — Traîneau pour le transport des poudres dans les rameaux,

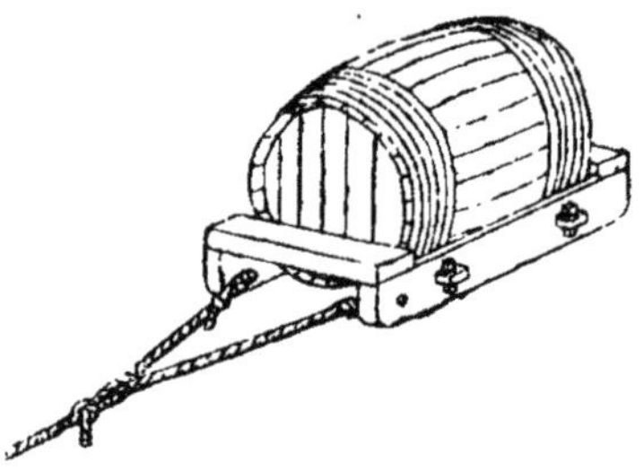

Le traîneau est rarement nécessaire lorsque le chargement se fait avec les caisses de l'artillerie (§ 11) qui peuvent être facilement traînées sur des planches, ou hissées au moyen de cordes passées dans les poignées dont elles sont munies.

**43.** — Dans les rameaux présentant des pentes assez raides pour nécessiter l'emploi d'escaliers, aussi bien que dans les puits ascendants, la circulation des poudres est généralement facilitée par des poulies ou des moufles fixées à des crochets qui sont scellés dans le ciel des puits et des paliers les plus élevés, et par des planches ou des madriers disposés sur les escaliers en forme de rampe. Les caisses ou barils placés sur le traîneau démontable sont alors amarrés solidement sur ce dernier à l'aide de cordes embrassant à la fois le récipient et les brancards (§ 42). Il est souvent commode de faire cet amarrage avec la corde même qui sert à hisser les poudres sur leur traîneau.

**44.** — Certains dispositifs de mine ont leur entrée placée en des points où l'on ne pourra accéder qu'au moyen de rampes en charpente, d'échelles, de radeaux, de planchers suspendus, etc. C'est à l'agent chargé spécialement de ces dispositifs qu'il appartient d'étudier à l'avance les moyens à employer pour exécuter le chargement et de faire approvisionner tous les engins et matériaux nécessaires.

### Descente des bouteilles en fonte dans les forages.

**45.** — Les engins nécessaires sont : 1° un gabarit cylindrique de 0m,28 de diamètre, fixé au bout d'une tringle suffisamment longue pour permettre d'amener le gabarit jusqu'au fond du forage ; — 2° deux cordes de longueur variable portant une boucle à chaque extrémité.

L'opération s'exécute ainsi qu'il suit :

Le puits d'accès et le forage étant ouverts et les bouteilles étant transportées à pied d'œuvre munies des transmetteurs du feu :

1° S'assurer, au moyen du gabarit, qu'il n'existe dans le forage aucune obstruction qui puisse empêcher l'introduction de la bouteille ;

2° Attacher par un nœud coulant les cordes aux deux poignées de la bouteille et la faire descendre lentement par deux hommes jusqu'au fond du forage en laissant filer le transmetteur du feu ;

3° Accrocher, par leurs boucles supérieures, les deux cordes aux crochets scellés au-dessus du forage à cette intention [1], et passer le transmetteur du feu dans l'ouverture pratiquée au centre du tampon.

1. Dans le cas où ces crochets n'auraient pas été mis en place au moment de la construction du dispositif, on les fixerait sous le tampon de fermeture du forage, tampon qui pourrait ainsi après le chargement être replacé sans difficulté sur l'orifice auquel il s'adapte exactement.

## Éclairage des dispositifs.

**46.** — Lorsque les dispositifs de mine ont besoin d'être éclairés, on se sert exclusivement pour cet éclairage de lanternes à vitres de corne ou de lampes de sûreté. Ces lampes restent, autant que possible, fixées aux murs ou posées dans les niches préparées pour les recevoir. On ne doit jamais les ouvrir, soit pour les allumer, les éteindre ou en raviver la flamme, qu'à l'extérieur des dispositifs et en des endroits suffisamment éloignés de ceux où les poudres sont déposées. Il est bon, pour assurer la stricte exécution de cette mesure, de fermer les appareils d'éclairage par de petits cadenas dont les clefs sont laissées sous la garde d'un homme de confiance. Ce n'est qu'à défaut de ces appareils, et dans des cas d'urgence, que les lanternes dites d'écurie et les lanternes de marine pourraient être acceptées.

## Ventilation.

**47.** — Les travaux de chargement des dispositifs de mine permanents pourront presque toujours être exécutés sans qu'il soit nécessaire de recourir à l'emploi d'un ventilateur pour aérer les galeries ; il sera bon toutefois de ne pas multiplier plus qu'il ne sera rigoureusement nécessaire le nombre des hommes séjournant dans les communications, et de n'employer les appareils d'éclairage qu'autant que cet éclairage sera absolument indispensable.

On reconnaîtra, dans la visite d'un dispositif suspect, si l'air y est respirable, en s'y faisant précéder par une lumière fixée au bout d'une longue tringle. Dans le cas où la lumière viendrait à s'éteindre ou ne brûlerait que difficilement, une ventilation artificielle serait nécessaire et tous les appareils à mettre en œuvre pour cette ventilation devraient être approvisionnés à l'avance. Il en serait de même si, bien qu'accessible en temps ordinaire, le dispositif était considéré comme ne pouvant assurer la quantité d'air nécessaire à la respiration des travailleurs pendant toute la durée des opérations du chargement et du bourrage.

L'installation des ventilateurs, quand ils seront jugés indispensables, devra précéder tout travail dans les dispositifs. Sous les tunnels, cette installation aura souvent le grave inconvénient d'intercepter ou tout au moins de gêner la circulation des trains.

## V. — CHARGEMENT DES DISPOSITIFS PRÉPARÉS POUR LA DÉMOLITION DES TUNNELS.

### Organisation et conduite du travail.

**48.** — De tous les dispositifs de mine permanents réglementaires, il n'en est pas dont le chargement soit plus compliqué que celui des dispositifs auxquels on accède par l'intérieur des tunnels et qui ont été installés pour la démolition de ces derniers, conformément aux indications de l'instruction ministérielle du 30 novembre 1877 (fig. 67).

De l'exposé de la marche à suivre pour exécuter ce chargement on déduira facilement la manière dont devra être conduite toute opération dè même nature appliquée à un autre dispositif. Pour le cas dont il a été fait choix comme exemple, le travail doit être conduit ainsi qu'il suit :

1° Faire charger soit dans des waggons, soit sur des trucs, faisant ou non partie d'un train, soit au besoin dans des chariots, les poudres enfermées dans leurs récipients et tous les accessoires nécessaires pour leur transport, tels que civières en toile, poulies, cordages, lampes ou lanternes, planches ou madriers, traîneaux de mine, etc.

2° Mettre en route le convoi accompagné de l'officier auquel est confié le dispositif et d'un nombre d'hommes suffisant pour opérer le chargement des fourneaux.

3° Faire arrêter chaque voiture en face ou, autant que possible, à proximité des entrées des galeries auxquelles son chargement est affecté. Des dispositions ont dû être prises pour qu'on puisse laisser stationner ces voitures sous le tunnel pendant le temps nécessaire au déchargement.

4° Décharger et déposer le long des piédroits du tunnel, de chaque côté des entrées, les matériaux et agrès qui doivent servir à conduire les poudres à leur emplacement définitif.

5° Procéder au déchargement des récipients et les engerber dans le petit magasin servant de vestibule, en ayant soin de ménager un passage suffisant pour la circulation. Fermer les portes ouvrant sur le tunnel et faire partir les voitures.

6° Disposer dans les communications les matériaux et agrès pour le transport des poudres et opérer ensuite le chargement de chaque fourneau, successivement, en tenant fermée la porte extérieure de manière à ne pas gêner la circulation des trains.

Dans le cas où tous les récipients ne pourraient trouver place dans le vestibule, on en logerait immédiatement quelques-uns dans les chambres de mine, et même provisoirement sur les paliers, où on les disposerait de manière à ne pas trop entraver la circulation.

Lorsque le temps presse, on peut commencer le chargement des fourneaux en même temps que le déchargement des voitures, et charger même à la fois deux ou trois fourneaux communiquant à une seule entrée, en dirigeant successivement sur chacun d'eux les récipients. Le nombre des travailleurs et les agrès nécessaires doivent être alors déterminés en conséquence. L'opération demande à être conduite avec beaucoup d'ordre et de soin.

### Temps et nombre d'hommes nécessaires pour le chargement.

**49.** — Le temps nécessaire pour charger successivement dans le dispositif représenté fig. 67 les trois fourneaux auxquels on accède par la même porte peut être évalué à 6 ou 7 heures, ainsi qu'il suit :

| | TEMPS nécessaire pour un RÉCIPIENT. | NOMBRE de RÉCIPIENTS. | TEMPS TOTAL. |
|---|---|---|---|
| Décharger les voitures et remiser les récipients dans le vestibule. | 1′ 1/2 | 44 | 1h,6′ |
| Transport des récipients du vestibule aux chambres de mine des fourneaux de l'étage inférieur........................ | 4′ | 24 | 1h,36′ |
| Installation des récipients dans les chambres des fourneaux de l'étage inférieur............. | 3′ | 24 | 1h,12′ |
| Transport des récipients à la chambre de mine du fourneau supérieur..................... | 5′ | 20 | 1h,40′ |
| Installation des récipients dans la chambre de mine du fourneau supérieur..................... | 3′ | 20 | 1h,00 |
| Total........................................ | | | 6h,34′ |

Quatre hommes, les conducteurs des voitures non compris, suffiront pour exécuter le chargement dans le temps indiqué.

Dans l'hypothèse où, sous la pression des circonstances, on serait dans la nécessité de précipiter l'opération, trois hommes procéderaient au déchargement des voitures et au transports des poudres jusqu'à l'entrée du dispositif, pendant que six autres feraient circuler ces poudres dans les galeries et les installeraient dans les chambres. Les voitures une fois vides, ces six hommes continueraient seuls le travail, qui pourrait être ainsi terminé en trois heures environ.

## VI. — CHARGEMENT DES FOURNEAUX AVEC LA DYNAMITE.

**50.** — Dans les circonstances exceptionnelles où le chargement des fourneaux se fait avec la dynamite, on doit veiller avec soin à ce que les caisses contenant cette substance soient à l'abri des chocs qui pourraient déterminer son explosion. Le faible poids et les petites dimensions de ces caisses rendent d'ailleurs très faciles leur transport dans les communications des dispositifs et leur installation dans les chambres.

# CHAPITRE II.

## AMORÇAGE DES FOURNEAUX.

---

**51.** — L'amorçage des fourneaux a pour objet l'installation dans les boîtes d'amorces ou les récipients, suivant le cas, et dans les communications des engins qui doivent transmettre le feu au fourneau.

Les procédés en usage pour la transmission du feu se divisent en *procédés pyrotechniques* reposant uniquement sur l'emploi des explosifs, et en *procédés électriques*.

## I. — PROCÉDÉS PYROTECHNIQUES.

**52.** — Les procédés pyrotechniques par lesquels on donne le feu à un fourneau de mine doivent être agencés de telle sorte qu'entre le moment de l'inflammation des artifices de transmission et celui de l'explosion il s'écoule un laps de temps de la durée duquel on soit maître, et suffisant dans tous les cas pour permettre à l'opérateur de se mettre à l'abri des effets de l'explosion.

On parvient à remplir ces conditions par l'emploi des artifices à combustion lente et régulière combinés généralement avec les artifices à combustion rapide, ainsi qu'il sera exposé ci-après.

### I. — ENGINS ET APPAREILS EMPLOYÉS POUR LA TRANSMISSION DU FEU.

#### 1. — ARTIFICES DE TRANSMISSION DU FEU A COMBUSTION LENTE.

**53.** — **Fusée lente ou cordeau Bickford.** — La fusée lente désignée aussi sous le nom de *fusée de sûreté* et de *cordeau Bickford* se trouve toute confectionnée dans le commerce; elle est formée par un filet continu de poudre fine fortement tassée dans un canal de 3 millimètres existant au centre d'une corde, composée elle-même de deux enveloppes en étoupe ou en fil de coton goudronné, enroulées en spirale

Fig. 15. — Fusée lente ou cordeau Bickford.

Vue perspective. — Éch. 1/2,

Coupe longitudinale. — Éch. 1/2.

Coupe transversale. — Ech. 1/1.

l'une sur l'autre et en sens contraire. Le diamètre extérieur de la corde est d'environ 5 millimètres. On trouve aussi des cordeaux Bickford imperméables et recouverts d'une enveloppe en gutta-percha ou en caoutchouc.

La fusée lente brûle régulièrement avec une vitesse de 1 mètre en 90 secondes; cette vitesse toutefois diminue un peu lorsque la fusée se trouve fortement comprimée.

Avant de se servir de cet artifice, il faut toujours avoir soin d'en vérifier le bon état en procédant ainsi qu'il suit :

1° S'assurer, par des pressions successives exercées avec les doigts tout le long du cordeau, qu'il n'existe dans le filet de poudre constituant l'âme aucune solution de continuité;

2° Examiner avec soin s'il ne se rencontre à la surface du cordeau aucun trou, aucune altération décelant l'action de l'humidité, de la moisissure ou d'un écrasement;

3° Examiner si la section de l'âme ne présente pas une surface poussiéreuse ou grenue. Cette surface doit être lisse, compacte et comme cirée;

4° Faire brûler, à l'air libre, une longueur de 1 à 2 mètres de la fusée qu'on se dispose à mettre en œuvre, et en vérifier soigneusement la vitesse de combustion.

Tout cordeau avarié doit être rejeté.

Bien que brûlant sous l'eau où elle vient d'être plongée, la fusée lente non imperméable ne saurait, sans inconvénient, être laissée en contact pendant un temps un peu prolongé avec la terre humide. Lorsqu'elle est engagée dans un bourrage et que le feu ne doit pas être donné au fourneau immédiatement après le chargement, il est nécessaire de la protéger par un auget construit en zinc, en fer blanc ou en bois.

La fusée lente redoute également l'action prolongée de l'humidité de l'air. Les locaux secs et abrités contre la chaleur sont favorables à sa conservation.

La fusée lente imperméable peut sans inconvénient séjourner dans l'eau pendant plusieurs jours. Elle présente toutefois quelques défauts qui en font restreindre l'emploi et ont empêché de l'introduire dans l'approvisionnement des parcs du génie :

1° Sa résistance à la traction est moindre que celle de la fusée lente ordinaire ;

2° Son enveloppe imperméable s'altère rapidement, sous l'action des variations de température.

**54. — Mèches de sûreté.** — On trouve dans le commerce, sous le nom de mèches de sûreté, ou mèches des mineurs, des cordeaux de diverses sortes, analogues au cordeau Bickford, et qui peuvent être substitués à ce dernier. Il faut, lorsqu'on veut en faire usage, examiner s'ils ne présentent aucune trace d'avarie, aucune imperfection, et rejeter toutes les parties qui paraissent défectueuses. Il faut, de plus, vérifier avec grand soin, sur une longueur de 2 à 3 mètres au moins, la régularité de leur combustion et en déterminer la vitesse.

**55. — Moine.** — Le moine, qui à défaut de fusée lente peut, dans certains cas, être substitué à cette dernière pour donner le feu à un fourneau, n'est autre chose qu'un morceau d'amadou façonné en forme de cône de 0m,04 de hauteur environ. Le moine est généralement accompagné d'un deuxième cône d'amadou exactement semblable appelé témoin. On donne quelquefois au moine et à son témoin la forme d'un triangle, ce qui en simplifie la confection. (Voir, paragraphe 144, la manière d'employer cet artifice.)

**56. — Porte-feu Bickford.** — Le porte-feu Bickford est un cylindre de 20 centimètres de longueur et de 4 à 5 millimètres de diamètre, formé de papier brouillard mince trempé dans une dissolution d'acétate de plomb et roulé très serré. Il brûle en formant une pointe de feu assez aiguë. La durée de sa combustion est d'environ 20 minutes.

**57.** — Aux artifices à combustion lente mentionnés ci-dessus, on pourrait en ajouter beaucoup d'autres parmi lesquels on signalera :

1° La mèche à canon ;

2° La mèche à briquet, dite mèche de fumeur;

3° La mèche à étoupille, brûlant à l'air libre avec une vitesse de 0m,065 à la seconde;

4° La mèche soufrée, dont la vitesse de combustion est de 0m,10 par minute environ;

5° Enfin la lance à feu des artificiers, dont la vitesse de combustion est de 0m,045 par minute.

Ces artifices, qui au besoin pourraient remplacer le moine, ne sont guère employés par les mineurs pour un pareil usage; la plupart d'entre eux, de même que le porte-feu Bickford, servent d'allumeurs (§ 64).

### 2. — ARTIFICES DE TRANSMISSION DU FEU A COMBUSTION RAPIDE.

**58. — Fusée instantanée ou cordeau porte-feu.** — Cette fusée (fig. 16), confectionnée par les écoles régimentaires du génie, est formée de trois brins de mèche à étoupille serrés dans une première enveloppe de toile cirée par un tressage de brins de coton ou par un fil tourné en hélice. Le tout est recouvert d'une enveloppe de caoutchouc soudée à la benzine, puis consolidé par une armature extérieure de fortes ficelles disposées, les unes longitudinale-

Fig. 16. — Fusée instantanée.

Vue perspective. — Éch. 1/2.

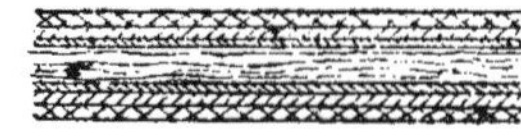

Coupe longitudinale. Éch. 1/2.

Coupe transversale. — Éch. 1/1.

ment pour résister à la traction, les autres en un tressage protégeant la gaine de caoutchouc.

La fusée instantanée supporte sans se rompre un poids de 140 kilogrammes et résiste à une immersion sous l'eau prolongée pendant plusieurs mois. Sa vitesse de combustion à l'air libre, sous l'eau ou dans un bourrage, est d'environ 100 mètres par seconde; elle se modifie toutefois lorsque le cordeau a vieilli ou a été avarié par des transports ou des froissements répétés.

Avant d'employer le cordeau porte-feu, il faut vérifier si le tressage extérieur n'est pas détérioré, et si l'enveloppe en caoutchouc n'est ni fendillée, ni crevée, ni piquée; il faut de plus s'assurer du bon état de l'étoupille, en en sacrifiant une longueur de quelques mètres, à laquelle on mettra le feu. Le bon cordeau détone sans fuser, en produisant un bruit analogue à celui d'un fort coup de fouet. Toute fusée instantanée, jugée suspecte, doit être rejetée.

Par les temps très froids, l'enveloppe en caoutchouc devient dure et même parfois cassante. Il est indispensable alors, avant d'employer le cordeau porte-feu, de lui rendre sa souplesse par un séjour de quelques heures dans un local dont la température sera maintenue à 15° centigrades environ.

**59. — Saucisson.** — Le saucisson (fig. 17), qui ne sera employé que dans le cas où le cordeau porte-feu ferait absolument défaut, est formé d'une gaine en toile de 15 à 25 millimètres de diamètre, que l'on remplit de poudre au moyen d'un entonnoir.

Fig. 17. — Saucisson.

Éch. 1/5.

Le saucisson, dans un bourrage, doit toujours être placé dans un auget qui le préserve de l'humidité et des compressions qui pourraient déterminer des solutions de continuité et même des ruptures.

**60. — Auget.** — L'auget (fig. 18), qui offre la forme d'une gaine à section carrée de 4 centimètres de côté, est formé de petites planchettes de 1 centimètre d'épaisseur environ réunies à l'aide de pointes. On le construit habituellement par portions qu'on assemble sur place les unes à la suite des autres; à cet effet, on a soin de laisser dépasser de 10 centimètres environ, à l'extrémité de chacun des tronçons, d'un côté la semelle et le couvercle, de l'autre les deux faces laté-

Fig. 18. — Augets.

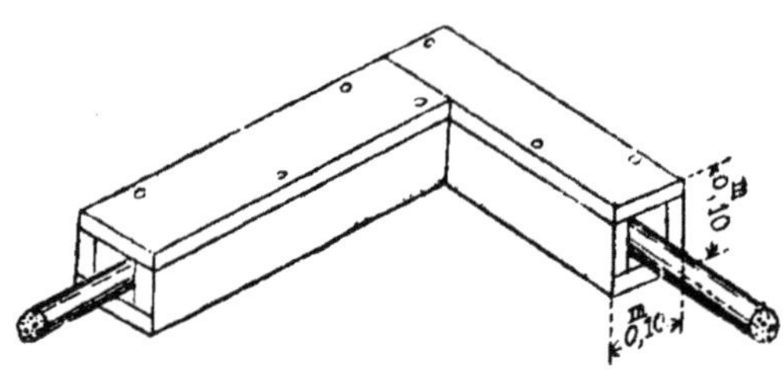


Éch. 1/10.

rales. Ces tronçons, mis bout à bout, sont fixés avec des pointes de cuivre enfoncées à l'aide d'un marteau en bronze. Les augets, disposés verticalement, sont, autant que possible, constitués d'un seul morceau. Lorsqu'il y a des changements de direction, les coudes de l'auget doivent être confectionnés au moyen d'assemblages très simples, mais solidement établis.

Quelquefois on substitue à l'auget tel qu'on vient de le décrire deux tringles épaisses, qu'on applique l'une sur l'autre, après avoir creusé à la gouge un canal demi-cylindrique sur leur face intérieure.

Dans le cas où les bourrages seraient très humides, il serait prudent d'enfermer le saucisson dans des tubes métalliques bien assujettis et lutés à leurs joints. On pourrait même, dans ce cas, supprimer la gaine en toile et remplir les tubes de poudre, en veillant à ce qu'il n'y ait point de solution de continuité dans la traînée.

**61.** — Le saucisson brûle à l'air libre avec une vitesse de $3^{m},50$ par seconde ; cette vitesse atteint $5^{m},50$ lorsqu'il est placé dans un auget découvert, et $8^{m},50$ lorsque l'auget est complètement fermé. Chaque coude occasionne dans la combustion un ralentissement équivalent à un allongement de 8 centimètres.

**62. — Canettes.** — Les canettes (fig. 19) sont des tubes en papier roulés sur des baguettes de fusil et collés sur les bords. Ces tubes, de forme légèrement conique, s'emboîtent les uns dans les autres, ils forment ainsi une gaîne que l'on enduit à l'intérieur de pâte de pulvérin. Un semblable artifice, brûlant avec une vitesse de 1 à 2 mètres par seconde, peut remplacer le saucisson pour communiquer le

Fig. 19. — Canettes.

Vue perspective.
Éch. 1/2.

feu aux fourneaux, mais il est sensible à l'humidité, peu résistant, et ne peut être employé qu'enfermé dans un auget confectionné avec beaucoup de soin.

**63.** — **Traînée de poudre.** — La traînée de poudre peut, comme les canettes, être au besoin substituée au saucisson. Disposée à l'air libre, sur une planchette ou dans un petit auget, elle brûle avec une vitesse approximative de $2^{m},50$ par seconde.

### 3. — ALLUMEUR.

**64.** — L'allumeur sert à enflammer directement les artifices qui transmettent le feu au fourneau : l'amadou, une allumette, une torche enflammée, sont des allumeurs; on désigne toutefois plus spécialement sous ce nom des artifices spéciaux, parmi lesquels on signalera particulièrement le porte-feu Bickford (§ 56), la mèche à canon, la mèche à briquet.

## II. — AMORÇAGE DES FOURNEAUX.

### 1. — AMORÇAGE D'UN FOURNEAU AVEC LA BOITE D'AMORCE ET LA FUSÉE INSTANTANÉE.

**65.** — L'amorçage du fourneau avec la boîte d'amorce et la fusée instantanée est, de tous les procédés en usage pour ce genre d'opération, celui qui doit être adopté de préférence quand les dispositifs se prêtent à son emploi. Cet amorçage comprend les opérations ci-après :

1° Adapter le cordeau porte-feu à la boîte d'amorce;

2° Installer la boîte d'amorce dans le fourneau;

3° Disposer le cordeau transmetteur du feu dans les communications avec les soins nécessaires pour assurer sa conservation jusqu'au moment où on devra produire l'explosion.

#### Adapter la fusée instantanée à la boîte d'amorce.

**66.** — La manière d'adapter le cordeau porte-feu à la boîte d'amorce varie suivant que la chambre aux poudres où doit être logée cette boîte est sèche, humide ou exposée à l'immersion.

**67.** — Lorsque la chambre aux poudres est suffisamment sèche, les outils et matériaux à mettre en œuvre sont : 1 cordeau porte-feu dont la longueur a été déterminée à l'avance d'après le projet établi pour la mise du feu ; — 1 pelote de ficelle fine ; — 1 forte cheville en bois de 4 à 5 centimètres de longueur portant une encoche en son milieu ; — 1 bâton de chatterton, ou, à défaut de chatterton, du mastic à base de caoutchouc[1] ; — 1 paire de ciseaux ou 1 sécateur ; — 1 lime ronde dite queue-de-rat.

L'opération s'exécute ainsi qu'il suit (fig. 20 et 21) :

Fig. 20. — Ajustage de la fusée instantanée au bouchon de la boîte.

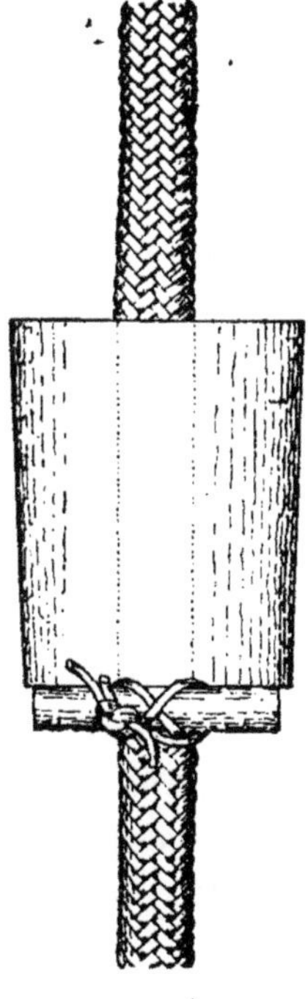

Élévation. — Éch. 1/2.

Fig. 21. — Boîte d'amorce munie de sa fusée instantanée.

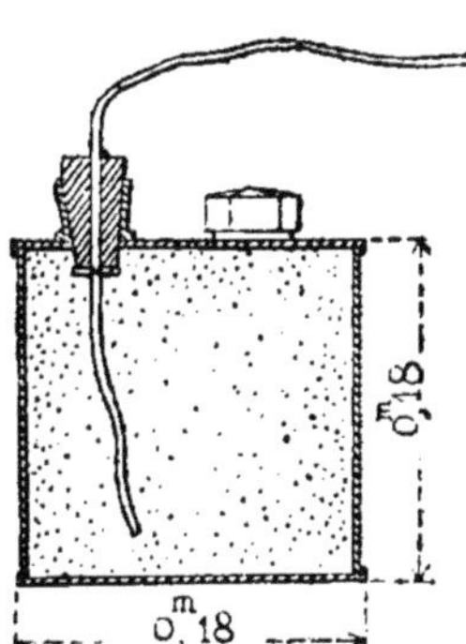


Coupe verticale. — Éch. 1/10.

1. Pour fabriquer ce mastic, on fait fondre une partie de caoutchouc non vulcanisé et on y ajoute peu à peu une partie de chaux vive en poudre, puis une à deux parties de litharge suivant le degré de consistance que l'on veut donner au mastic.

On peut à la rigueur se contenter de faire dissoudre du caoutchouc dans

1° Déboucher les deux tubulures de la boîte d'amorce;

2° A l'aide de la queue-de-rat, pratiquer dans le bouchon de liége, suivant son axe, un canal cylindrique de 12 millimètres environ de diamètre le traversant de part en part;

3° Introduire dans le canal l'extrémité du cordeau, en lui faisant dépasser le bouchon de 20 centimètres environ, et à 10 centimètres de cette extrémité, attacher la cheville, en croix sur le cordeau, par une ligature en ficelle saisissant la cheville en son milieu par son encoche, et traversant dans ses premiers tours les mailles du tressage qui protège le cordeau;

4° Couper carrément ou fendre l'extrémité de la fusée à mettre en contact avec la poudre, et s'assurer que le bout des mèches à étoupille est bien apparent et bien net;

5° Introduire dans la boîte d'amorce par la tubulure non taraudée l'extrémité de la fusée ainsi préparée et la cheville, adapter solidement le bouchon et tirer sur le cordeau pour le faire glisser dans le bouchon jusqu'à ce que la cheville vienne s'appliquer contre ce dernier;

6° Couper carrément l'extrémité libre du cordeau, et la luter avec de la composition Chatterton ou du mastic à base de caoutchouc (§ 67) pour bien préserver l'étoupille, puis rouler le cordeau en couronne et le maintenir par quelques ligatures en ficelle. Enfin remplir la boîte de poudre et la fermer (§ 38).

Si le feu devait être donné immédiatement après le chargement, on pourrait, au lieu de luter l'extrémité libre de la fusée instantanée, y greffer immédiatement un morceau de fusée lente, en opérant ainsi qu'il est expliqué § 134, et ce serait alors l'extrémité libre de cette dernière qu'il

de la benzine ou de la térébenthine. L'emploi des poix et goudrons qui attaqueraient l'enveloppe imperméable du cordeau doit, dans tous les cas, être soigneusement évité. La benzine qui convient le mieux est la benzine de houille. On la distingue aisément de la benzine de pétrole employée par les teinturiers, en y faisant dissoudre un petit morceau d'iode. La dissolution dans la première a une couleur rouge-framboise, elle est franchement violette dans la seconde.

faudrait protéger par une goutte de Chatterton ou de cire molle.

**68.** — Si la chambre aux poudres n'est pas à l'abri de l'humidité, on devra avoir à sa disposition : 1° les outils et matériaux indiqués au paragraphe précédent ; 2° un morceau de forte ficelle, un bâton de composition Chatterton ou du mastic à base de caoutchouc, et dans certains cas un morceau de fil de fer fin d'environ un mètre de longueur et une pince plate.

L'ajustage du cordeau à la boîte d'amorce se ferait alors ainsi qu'il suit (fig. 22) :

1° Percer le bouchon comme on l'a expliqué au paragraphe précédent ;

2° Sur une longueur de 20 centimètres environ, dépouiller de son enveloppe extérieure de ficelle tressée l'extrémité de la fusée à introduire dans la boîte, de manière à mettre à nu l'enveloppe imperméable ;

3° Engager dans le bouchon l'extrémité dénudée du cordeau, enduire ce même bouchon de Chatterton et l'enfoncer fortement dans la tubulure ;

4° Le cordeau étant disposé de telle sorte qu'une longueur de 2 à 3 centimètres de la partie dénudée émerge au-dessus du bouchon, brider ce dernier, par un double étrier en fil de fer ou en ficelle, saisissant en même temps le col de la tubulure et passant de chaque côté du cordeau sans le serrer, puis luter soigneusement la fermeture avec le Chatterton ou le mastic hydrofuge, en faisant pénétrer le mieux possible la composition dans le canal traversé par la fusée ;

5° Pratiquer, avec l'une des extrémités d'une forte ficelle de longueur convenable, une solide ligature embrassant le cordeau, un peu au-dessus de la portion dénudée, et attacher solidement à la tubulure l'autre extrémité de cette ficelle, qui, par sa tension, empêchera les efforts de traction exercés sur la fusée de se transmettre à la soudure réunissant cette dernière à la boîte d'amorce ;

6° Terminer l'opération comme il est expliqué au 6° du § 67.

On bride le bouchon pour réagir contre les effets de la dilatation éventuelle de l'air renfermé dans le récipient. Dans le cas où une élévation sensible de température ne

Fig. 22. — Ajustage de la fusée instantanée à la boîte d'amorce d'un fourneau exposé à être submergé.

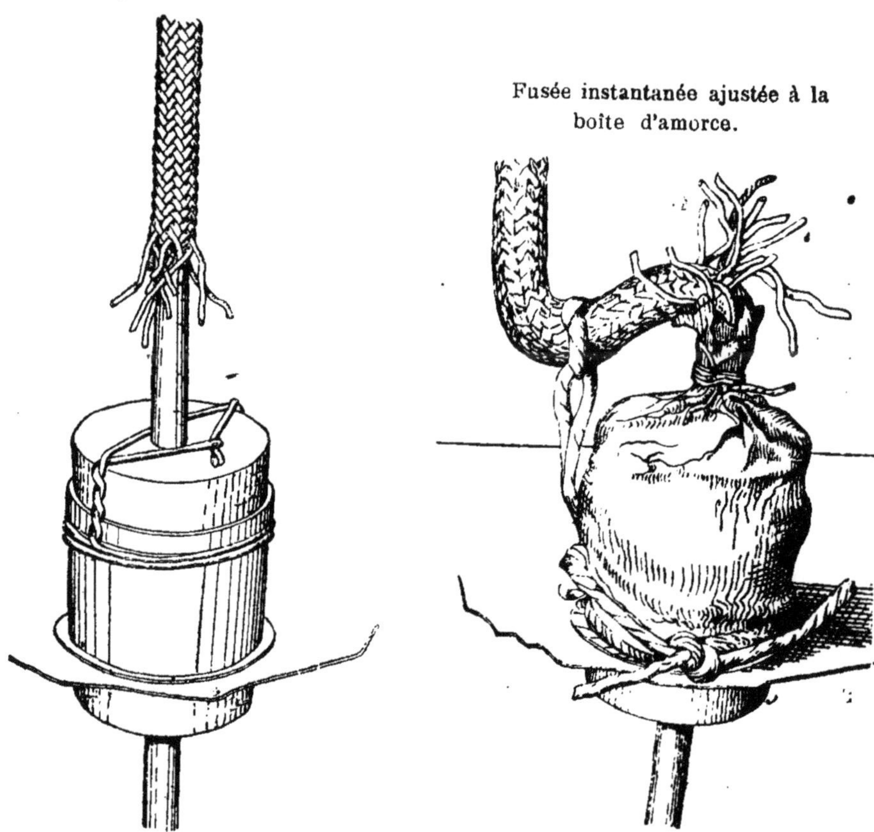


serait pas à prévoir, on se dispenserait de cette opération; mais, la boîte une fois amorcée, il faudrait au moins éviter de la laisser pendant trop longtemps exposée aux rayons d'un soleil un peu ardent.

Au lieu de percer le bouchon, il est quelquefois plus

commode de le fendre suivant son axe et de creuser dans chaque moitié un canal demi-cylindrique pour préparer le logement du cordeau porte-feu. Ces deux moitiés, enserrant la fusée, sont ensuite réunies et soudées l'une sur l'autre avec du Chatterton ou de la pâte de caoutchouc.

**69.** — Lorsque le fourneau est exposé à être submergé, la fermeture indiquée au paragraphe précédent ne présenterait pas toujours des garanties suffisantes. Il convient dans ce cas, pour confectionner une fermeture plus parfaite, d'ajouter aux outils et matériaux mentionnés au § 68 une feuille de caoutchouc non vulcanisé, en forme de bande ayant 30 à 40 centimètres de longueur sur 8 à 10 centimètres de hauteur; — 1 flacon de benzine ou de térébenthine et 1 pinceau.

La soudure réunissant le cordeau porte-feu à la boîte d'amorce s'exécute alors ainsi qu'il suit :

1° Pratiquer la fermeture indiquée (§ 68), moins la ligature indiquée au 5°;

2° Envelopper le bouchon et la tubulure avec la feuille de caoutchouc roulée en plusieurs doubles sous forme de gaine et soudée soigneusement sur elle-même au moyen de benzine ou de térébenthine étendue avec le pinceau;

3° Souder, à l'aide de la même substance et de bonnes ligatures, la gaine ainsi obtenue, d'une part, à l'enveloppe isolante du cordeau dépouillé au point de soudure de son tressage extérieur en ficelle; de l'autre, au col de la tubulure au-dessous de son bourrelet, de manière à constituer autour de l'assemblage du cordeau avec la boîte d'amorce, une enveloppe parfaitement imperméable;

4° Terminer l'opération en exécutant la ligature indiquée au 5° du § 68.

### Installer la boîte d'amorce.

**70.** — Il existe, dans les chambres de mine de la plupart des dispositifs réglementaires comportant l'emploi de la boîte d'amorce, une rainure ou une cavité qui donne toute facilité pour loger et caler solidement cette boîte, soit après l'introduction des récipients contenant les poudres, soit au moment de cette introduction.

Dans le cas où cette rainure n'existerait pas, la boîte sera placée, s'il est possible, au-dessus et vers le milieu de la charge; si la chambre ne peut la recevoir, on la logera dans le rameau d'accès, en la faisant pénétrer dans cette chambre autant que faire se pourra, la maintenant, dans tous les cas, par des cales, et l'arc-boutant au besoin au moyen d'étrésillons contre les récipients.

### Disposer la fusée instantanée dans les communications.

**71.** — La boîte d'amorce une fois solidement établie dans son emplacement, développer le cordeau qui lui est fixé, sans le tendre, et le loger dans les angles des puits ou rameaux, en le maintenant de distance en distance dans ces derniers par des pierres ou des sacs à terre, et en ayant soin de le laisser flottant aux points où se trouvent de brusques changements de direction.

Arrivé à l'orifice du dispositif, rouler en couronne la portion du cordeau non développée et l'accrocher au mur un peu en arrière et sous la protection de la fermeture de cet orifice. Dans le cas où un morceau de cordeau Bickford aurait été greffé sur le cordeau porte-feu, enfermer la couronne dans un sac à terre qu'il faudra avoir eu soin de goudronner, si l'on craint l'humidité.

### Installer l'auget de la fusée instantanée.

**72.** — Il n'y a pas nécessité absolue d'enfermer dans un auget la fusée instantanée, bien protégée déjà par son armature en ficelle tressée. Il convient cependant, pour la soustraire aux pressions qui altéreraient la régularité de sa vitesse de combustion, d'adopter, dans la traversée des bourrages, l'enveloppe préservatrice en question.

L'auget de la fusée instantanée est formé de quatre tringles clouées les unes sur les autres; il s'établit dans l'angle du puits ou du rameau où a été développé le cordeau porte-feu, angle qui est ordinairement le plus rapproché de la boîte d'amorce.

Lorsqu'il est destiné à être logé dans un puits, l'auget doit être autant que possible formé d'un seul morceau ; il est ainsi plus facile à maintenir, pendant la confection du bourrage, dans la position qu'il doit occuper et où il sera fixé par ce dernier. La même recommandation n'est pas applicable à l'auget logé dans un rameau; il y a souvent avantage à établir celui-ci par tronçons successifs, et il est commode de ne fixer la tringle formant couvercle qu'après avoir introduit le cordeau dans son logement, mais alors la prudence exige qu'on emploie, pour clouer cette tringle, des pointes en cuivre et un marteau en bronze.

On installe l'auget du cordeau porte-feu aussitôt après avoir développé ce dernier comme il est dit au paragraphe précédent. Dans les galeries et rameaux, on recouvre de terre meuble, de gazons ou de sacs à terre disposés suivant une ligne continue, toutes les parties de la fusée instantanée restant à découvert, de manière à la mettre à l'abri des atteintes qui pourraient la détériorer.

Bien que deux fusées instantanées juxtaposées se transmettent rarement le feu de l'une à l'autre, il est prudent de séparer par une distance de 15 à 20 centimètres les cordeaux porte-feu qui ne doivent pas être enflammés simultanément.

### 2. — AMORÇAGE DE LA BOUTEILLE EN TÔLE AVEC LA FUSÉE INSTANTANÉE.

#### Ajuster la fusée instantanée à la bouteille.

**73.** — Dans l'hypothèse où l'on n'aurait à redouter la présence de l'humidité, ni dans le forage, ni dans les matériaux qui devront servir au bourrage, l'opération n'exigera d'autre outillage que : 1 clef en bronze ; — 1 cordeau porte-feu de longueur convenable ; — 1 paire de ciseaux ; —

1 pince plate à fil de fer ; — du chatterton, du mastic ou de la cire.

On procédera à l'amorçage de la bouteille ainsi qu'il suit :

1° Déboulonner et enlever le couvercle, puis enlever la coiffe métallique et les rubans en croix qui ferment sa tubulure ;

2° Retirer, après l'avoir au besoin redressée avec la pince, la goupille en fer qui traverse cette tubulure ;

3° Introduire le cordeau dans l'ouverture du couvercle, l'y fixer en le faisant traverser par la goupille remise en place et recourber avec la pince la pointe de cette dernière ;

4° Introduire dans la tubulure, tout autour de la fusée, de manière à bien boucher l'orifice, du mastic ou de la cire malaxée ;

5° Fendre, sur une longueur de 10 centimètres environ, l'extrémité du cordeau, dégager l'étoupille et introduire cette extrémité dans la charge, en enlevant, s'il est nécessaire, une certaine quantité de poudre que l'on reversera ensuite dans la bouteille ;

6° Replacer le couvercle et serrer les boulons.

74. — Lorsque le forage ou son bourrage ne sont pas à l'abri de l'humidité, ce qui est le cas le plus général, il faut, pour opérer l'amorçage de la bouteille, joindre aux outils et matériaux mentionnés (§ 73) : 1 pelote de ficelle fine ; — 1 bout de ficelle très-forte ; — 1 bâton de chatterton ou du mastic hydrofuge (§ 67), et, pour le cas où la bouteille peut être complètement immergée, — 1 bande de caoutchouc non vulcanisé ; — 1 pinceau et 1 flacon de benzine ou de térébenthine.

Voici quelle est, dans l'hypothèse admise, la série des opérations à effectuer (fig. 23),

1° Enlever le couvercle, décoiffer son ouverture et retirer la goupille en opérant comme il est dit aux 1° et 2° du § 73 ;

2° Dépouiller de son armature extérieure en ficelle, sur

une longueur de 30 à 40 centimètres, l'extrémité de la fusée à mettre en communication avec la charge, et l'introduire dans la tubulure en évitant d'y laisser pénétrer l'enveloppe en tressage ;

Fig. 23. — Ajustage de la fusée instantanée à une bouteille en tôle exposée à être submergée.

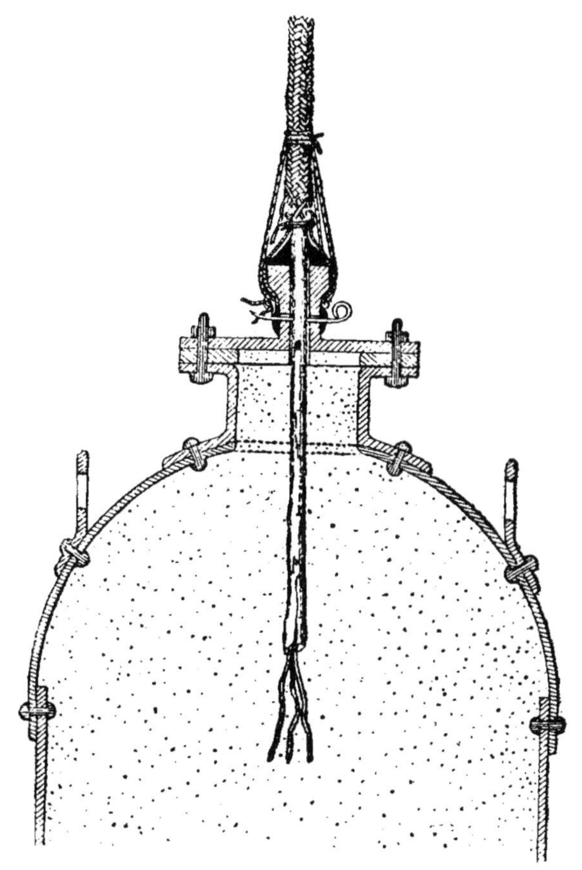

Coupe verticale. — Éch. 1/5.

3° Luter soigneusement avec du chatterton ou du mastic de caoutchouc, l'ouverture traversée par la fusée ainsi que les trous d'entrée et de sortie de la goupille ;

4° Continuer l'opération, en procédant suivant les indications données aux 5° et 6° du § 73 ;

5° Réunir la portion du cordeau qui a conservé son enveloppe en tressage à la tubulure formant le col de la bouteille, par une ligature exécutée ainsi qu'il est dit au 5° du § 68 et luter l'extrémité libre de ce cordeau.

75. — Dans le cas où la bouteille serait exposée à être complètement submergée, il serait bon d'assurer la fermeture par une enveloppe en caoutchouc analogue à celle indiquée § 69.

### Installer la fusée instantanée dans un dispositif à forages.

76. — Laisser glisser le cordeau avec la bouteille, en le guidant à la main sans le tendre;

Rouler la portion émergeant du forage et l'accrocher à une des parois du puits qui surmonte ce dernier, après l'avoir enfermée dans un sac à terre;

Fixer au cordeau un bout de tringle de 60 à 70 centimètres de longueur, disposé en croix au-dessus et en travers du forage;

Enfin, si le bourrage ne doit pas se faire immédiatement, replacer les plaques de fermeture du dispositif.

### 3. — AMORÇAGE AVEC LA FUSÉE INSTANTANÉE DES FOURNEAUX CHARGÉS AVEC DE LA DYNAMITE.

77. — Il faut pour cet amorçage, outre la fusée instantanée, 1 cartouche-amorce de dynamite; — 1 capsule en cuivre chargée de fulminate de mercure; — 1 paire de ciseaux; — 1 pince ronde; — 1 morceau de chatterton. La capsule aujourd'hui adoptée a 45 millimètres de longueur, 6 millimètres de diamètre et contient 1gr,50 de fulminate. Celui-ci occupe dans la capsule une longueur de 21 millimètres.

La cartouche-amorce n'est autre chose qu'un pétard ou cartouche prismatique à enveloppe métallique, contenant une petite charge de dynamite, et portant à chacune de ses extrémités un logement cylindrique pour la capsule (fig. 24).

Pour opérer l'amorçage :

1° Dépouiller de son enveloppe en tressage, sur une longueur de 3 centimètres environ, l'extrémité de la fusée, la dégager également de son enveloppe en caoutchouc en retroussant celle-ci, et la fendant au besoin pour faciliter l'opération, puis raviver, par une section bien nette faite carrément, l'extrémité ainsi dégagée en réduisant sa longueur à 2 centimètres;

Fig. 24. — Cartouche-amorce de dynamite.

Vue perspective. — Éch. 1/5.

2° Introduire dans la capsule, en la poussant jusqu'au fulminate l'extrémité ainsi préparée, l'y maintenir au moyen d'une pression exercée avec la pince ronde sur le tube en cuivre de cette capsule près de l'extrémité ouverte, rabattre sur la capsule l'enveloppe en caoutchouc retroussé ainsi que le tressage, et, si l'on craint l'humidité, recouvrir le point de jonction de chatterton (fig. 25);

3° Loger la capsule dans la cartouche-amorce en la faisant pénétrer dans le logement préparé pour la recevoir et lier le cordeau à cette cartouche par un ficelage;

4° Rouler le cordeau et en luter l'extrémité, ou y greffer un morceau de fusée lente si le feu doit être donné à bref délai;

5° Placer la cartouche-amorce dans une position telle, qu'étant appuyée directement contre une des caisses contenant la dynamite, elle se trouve assez solidement maintenue pour ne pas être entraînée par les efforts de traction que peuvent être exercés accidentellement sur le cordeau porte-feu pendant les dernières opérations du chargement. On obtiendra au besoin ce résultat en fixant par une ligature le cordeau porte-feu à un étrésillon solidement établi dans la chambre aux poudres, ou près de son entrée;

6° Installer le cordeau dans les communications comme

il est expliqué § 71, en veillant avec le plus grand soin à ce qu'il ne puisse, par son inflammation, communiquer le

Fig. 25. — Ajustage de la fusée instantanée à une capsule de fulminate.

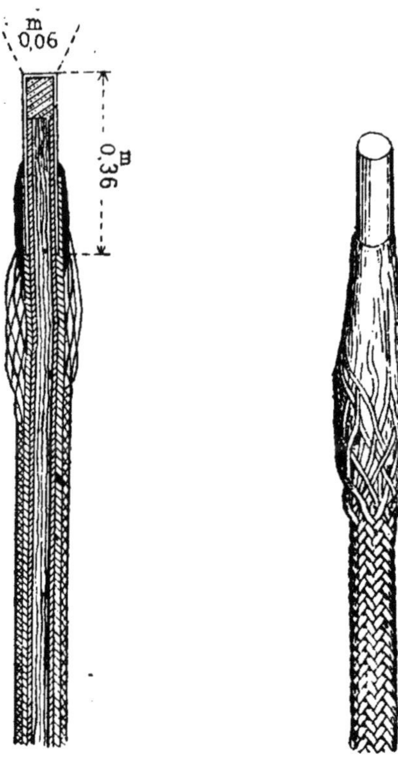


Coupe longitudinale.
Éch. 2/2.

Vue perspective.
Éch. 2/2.

feu en aucun point de la charge avant la détonation de la capsule.

### 4. — ÉPISSURES DE LA FUSÉE INSTANTANÉE.

#### Épissures réunissant deux fusées instantanées.

78. — Quand on est dans la nécessité d'allonger un cordeau porte-feu ou de réunir deux cordeaux dans le prolongement l'un de l'autre, on pratique une épissure.

Les outils et matériaux dont il faut être pourvu pour cette opération sont : 1 paire de ciseaux ; — 1 couteau coupant bien ; — 1 bande de toile (de toile cirée de préférence) ; — une pelote de ficelle fine ; — un bout de ficelle très-forte d'environ 50 centimètres, et dans certains cas, une bande de caoutchouc et un flacon de benzine avec un pinceau ou un bâton de chatterton.

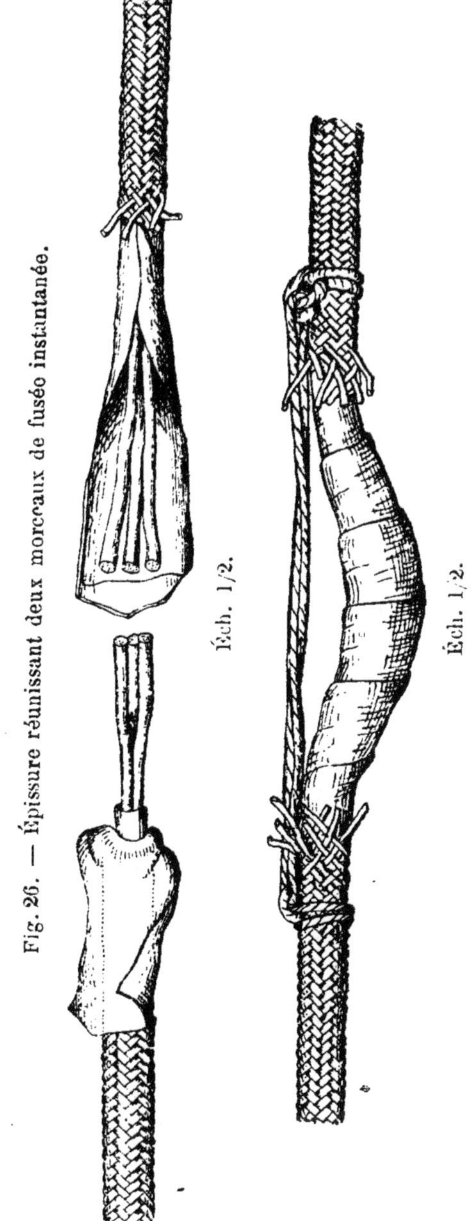

Fig. 26. — Épissure réunissant deux morceaux de fuséo instantanée.

L'épissure se pratique ainsi qu'il suit (fig. 26) :

1° Ouvrir les deux bouts à réunir sur une longueur de 6 à 7 centimètres, retrousser dans chacun, sur cette même longueur, l'enveloppe imperméable et développer l'enveloppe intérieure en toile cirée[1] ;

2° Juxtaposer, ou mieux, entrelacer les extrémités dégagées des

1. Pour diminuer le renflement produit par l'épissure, on supprime quelquefois, à l'extrémité de l'un des cordeaux, l'enveloppe en toile cirée, et même l'enveloppe imperméable.

mèches à étoupille, en évitant, autant que possible, de les dégarnir de leur pulvérin ;

3° Refermer l'une sur l'autre les enveloppes de toile cirée, ainsi que les enveloppes imperméables, puis recouvrir la jonction d'une toile et d'un ficelage moyennement serré, ou, si le joint doit être imperméable, substituer à la toile une bande de caoutchouc soudée avec de la pâte de caoutchouc à la benzine.

On peut rendre également le joint imperméable en recouvrant avec soin de chatterton, par-dessus le ficelage, l'épissure faite avec de la toile ;

4° Réunir par une forte ficelle, au moyen de deux ligatures pratiquées de chaque côté de l'épissure, les deux cordeaux soudés, en ayant soin de donner à cette ficelle une longueur telle que, par sa tension, l'épissure se trouve soustraite aux efforts de traction qui pourraient être exercés sur les fusées.

### Épissures réunissant plusieurs fusées instantanées.

79. — On peut avoir à réunir en un même point plus de deux cordeaux, l'épissure se fait avec l'outillage indiqué § 78 ; elle est organisée de manière à greffer, sur un cordeau unique formant souche, les extrémités des autres cordeaux à réunir avec le premier.

Le travail comprend les opérations suivantes :

1° Ouvrir les extrémités des fusées à réunir et celle du cordeau qui doit servir de tronc commun ; dégager les étoupilles sur une longueur de 6 à 7 centimètres en opérant comme il est expliqué au 1° du § 78 ; enlever sur cette longueur, à tous les cordeaux autres que celui qui forme le tronc commun, les deux enveloppes en caoutchouc et en toile cirée ;

2° Réunir les mèches à étoupille des différentes fusées avec celles de la souche, en évitant autant que possible de les dégarnir ;

3° Recouvrir le tressage ainsi formé avec la double enveloppe conservée sur le cordeau de réunion, et enfermer le tout dans une bande de toile maintenue par plusieurs ligatures ou par un ficelage en hélice embrassant d'une part le cordeau de réunion et de l'autre le faisceau des embranchements. Ne pas trop serrer ce ficelage et l'arrêter par des nœuds à ses deux extrémités;

4° Réunir dans une ligature faite un peu en avant de l'épissure, par-dessus les enveloppes extérieures en tressage tous les cordeaux d'embranchement; et rattacher cette ligature au cordeau souche par une forte ficelle solidement fixée à celui-ci en dehors de l'épissure, de manière à soustraire cette dernière aux efforts de traction qui pourraient lui être transmis par les cordeaux.

Dans le cas où l'épissure devrait être imperméable, on la recouvrirait de chatterton, ou on substituerait à la toile formant l'enveloppe générale une feuille de caoutchouc que l'on souderait sur elle-même et sur les enveloppes imperméables des fusées, avec de la benzine.

Les épissures en général, mais surtout les épissures réunissant plus de deux ou trois fusées, sont d'une exécution difficile, il convient de les éviter autant que possible, et principalement sur les parties des cordeaux qui se trouvent enfermées dans les bourrages (*voir* § 138 *l'emploi de la boîte d'inflammation remplaçant les épissures*).

### 5. — AMORÇAGE DES FOURNEAUX AVEC LA FUSÉE LENTE.

80. — Pour que cet amorçage soit admissible, il faut que le point où le feu devra être appliqué ne soit pas trop éloigné de la charge.

L'opération de l'amorçage se pratique, suivant les différents cas, comme avec la fusée instantanée, sauf les simplifications résultant de l'absence du tressage en ficelle formant l'armature extérieure de cette dernière, armature dont le cordeau Bickford est dépourvu. Il faut avoir soin, lorsqu'on dispose celui-ci dans la boîte d'amorce, de faire en sorte que son extrémité arrive au centre ou à la partie inférieure de sa charge. L'autre extrémité, quand la mise du feu doit se faire attendre, demande à être protégée avec soin contre l'humidité. On l'enveloppe alors d'un sac à terre goudronné ou d'un auget en bois ou en métal.

La figure 27 représente l'ajustage d'un morceau de fusée

Fig. 27. — Ajustage de la fusée lente à une capsule de fulminate.

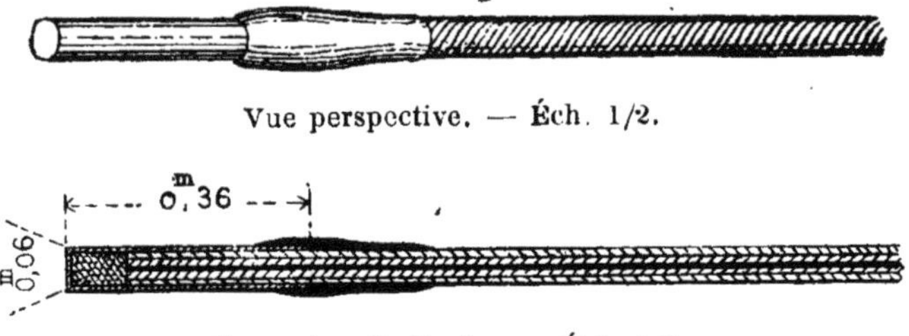


Vue perspective. — Éch. 1/2.

Coupe longitudinale. — Éch. 1/2.

lente à une capsule de fulminate préparée pour la détonation d'une charge de dynamite.

Lorsqu'on doit se prémunir contre une action prolongée de l'humidité, on est dans la nécessité de se servir du cordeau Bickford à enveloppe imperméable.

### 6. — AMORÇAGE DES FOURNEAUX AVEC LE SAUCISSON.

**81**. — Ce procédé d'amorçage, qui ne doit être adopté que dans le cas où la fusée instantanée fait défaut, comprend les opérations ci-après :

1° Introduire dans la boîte d'amorce, ou, à son défaut, dans un des récipients, après y avoir pratiqué l'ouverture nécessaire, l'extrémité de l'auget sur une longueur de **10** centimètres environ;

2° Disposer l'auget dépourvu de son couvercle dans les communications, en le maintenant le mieux possible par des cales et des pierres ou des sacs à terre. L'emploi des piquets pour cette consolidation est rarement praticable dans les dispositifs de mines dont on s'occupe ici particulièrement;

3° Introduire dans la boîte aux poudres où pénètre l'auget l'extrémité du saucisson, après y avoir attaché une cheville en bois, qui, disposée en travers de cette boîte, maintient cette extrémité dans une position invariable ;

4° Installer le saucisson dans l'auget, en l'y fixant de distance en distance par des pointes de cuivre enfoncées avec le marteau en bronze, et placer au fur et à mesure le couvercle cloué de la même manière ;

5° Parvenu près de l'entrée du dispositif, fermer l'extrémité libre du saucisson par une ligature et l'enfermer dans un sac à terre goudronné au besoin.

L'amorçage par le saucisson en toile n'est pas admissible dans les dispositifs exposés à une grande humidité, surtout quand la mise du feu ne doit pas suivre de très près l'opération du chargement.

## II. — PROCÉDÉS ÉLECTRIQUES.

### ENGINS ET APPAREILS EMPLOYÉS POUR LA TRANSMISSION DU FEU

**82.** — La série des engins et appareils au moyen desquels on communique le feu aux fourneaux de mines comprend la pile, les conducteurs et l'amorce.

#### 1. — PILE.

**83.** — La pile engendre le courant électrique qui, transmis à l'amorce par les conducteurs, provoque l'inflammation de cette dernière et détermine ainsi l'explosion.

La pile adoptée par le service du génie pour donner le feu aux fourneaux de mines et désignée sous le nom de pile des Parcs (fig. 28), se compose d'un vase récipient cylindrique en gutta-percha A, et d'un cylindre de même substance B, dit cylindre plongeur ou simplement plongeur.

Le vase cylindrique a dans œuvre 78 millimètres de hauteur et 78 millimètres de diamètre. L'épaisseur de ses parois est de 5 millimètres environ.

Le plongeur a 114 millimètres de hauteur et 72 millimètres de diamètre; il est surmonté d'un anneau en cuivre C qui

Fig. 28. — Pile des parcs du génie.

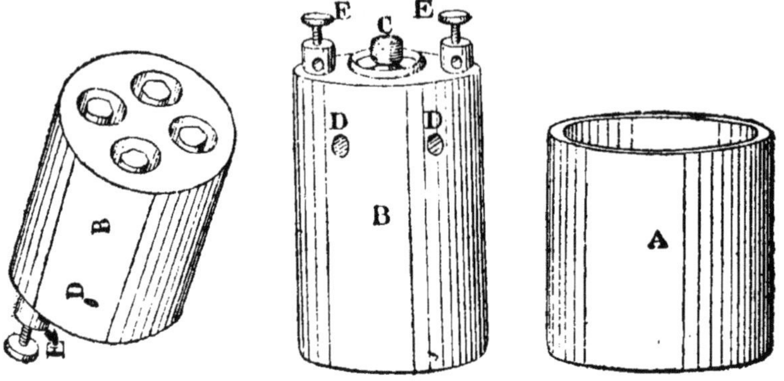


Vue perspective. — Éch. 1/4.

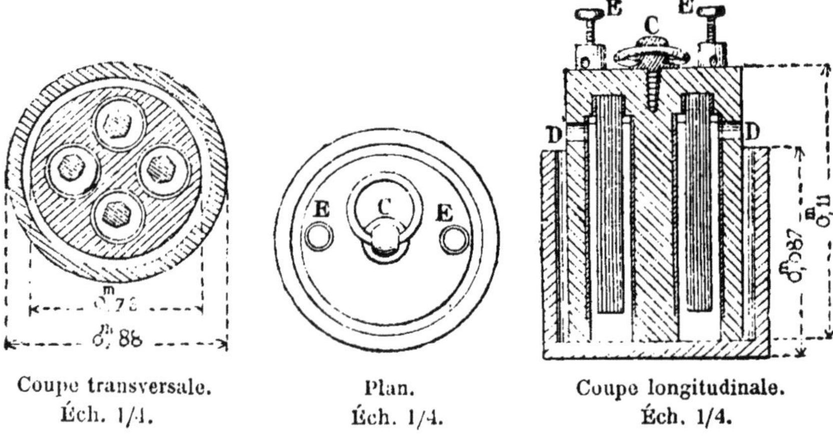


Coupe transversale.
Éch. 1/4.

Plan.
Éch. 1/4.

Coupe longitudinale.
Éch. 1/4.

sert à le manœuvrer, et de deux bornes à vis de pression également en cuivre E, E, appelées pôles ou rhéophores, et portant l'une le signe +, l'autre le signe —. Sur sa base inférieure apparaissent les ouvertures de quatre cavités ou alvéoles cylindriques ayant 85 millimètres de profondeur et distribuées symétriquement autour de son axe. Chacune de ces cavités est tapissée, jusqu'à la distance de 10 millimètres de son orifice, par une feuille de zinc amalgamé, et contient en outre une tige de charbon disposée suivant son axe. La tige de charbon et le cylindre de zinc qui l'enveloppe sans la toucher, s'engagent l'un et l'autre, par leur extrémité, dans le massif de gutta-percha formant la partie supérieure du plongeur, massif où sont également englobés les conducteurs métalliques établissant entre les divers organes les communications combinées en vue de la production la plus avantageuse de l'électricité. Quatre ouvertures latérales D, apparaissant sur la surface arrondie du cylindre, sont percées à hauteur de la partie supérieure des alvéoles et en constituent les évents.

Il faut éviter de laisser la pile exposée longtemps à la chaleur et la conserver à l'ombre, autant que possible dans des locaux bien frais. L'humidité ne lui est en aucune façon préjudiciable.

**84.** — Le matériel de la pile comprend, avec la pile proprement dite, deux boîtes en gutta-percha, contenant, l'une du bisulfate de potasse (*sel blanc*), et l'autre du chlorochromate de potasse (*sel jaune*). Dans chacune de ces boîtes est enfermée, en outre, une petite mesure qui sert à doser les sels dans la préparation du liquide excitateur (§ 161).

Le sel blanc étant hygrométrique, il est bon d'assurer aux boîtes dans lesquelles il est emmagasiné une fermeture hermétique en collant autour du couvercle une petite bande de papier.

## 2. — CONDUCTEURS.

**85.** — Les conducteurs sont constitués par deux fils métalliques établissant la communication entre les deux bornes polaires de la pile et l'amorce. On emploie généralement pour conducteurs des fils de fer ou des fils de cuivre ; mais ces derniers, surtout lorsqu'ils sont formés de cuivre rouge bien pur, sont de beaucoup préférables.

Les fils peuvent être employés nus; il y a avantage cependant à ce que l'un des deux conducteurs soit préservé du contact avec les terres humides, soit par un système de suspension quand les fils sont disposés à ciel ouvert, soit par une enveloppe isolante quand ils sont enserrés dans les bourrages. Cette précaution est utile surtout avec les conducteurs en fil de fer. L'enveloppe isolante peut être formée par un tressage en coton ou par une spirale en ruban dont on entoure le fil métallique et qu'on recouvre ensuite d'un enduit hydrofuge. Les meilleures enveloppes sont celles qui sont constituées par une gaine de caoutchouc ou de gutta-percha.

**86.** — Dans les dispositifs comprenant plusieurs fourneaux, les conducteurs particuliers à chacun de ces fourneaux portent le nom de conducteurs secondaires. On les rattache, pour la transmission du feu, à d'autres fils métalliques aboutissant à la pile; ceux-ci sont appelés conducteurs maîtres. La désignation de secondaires s'applique par extension, d'une manière plus générale et pour tout fourneau, à la portion des conducteurs installée en permanence dans les bourrages et dans les communications, au moment où se fait l'opération du chargement.

**87. — Conducteurs des parcs du génie.** — Les conducteurs, dont les parcs du génie sont approvisionnés et dont on aura principalement à se servir pour communiquer le feu aux fourneaux des dispositifs de mines permanents, sont de deux espèces désignées à la nomenclature générale sous le nom de câble et de fil caoutchouté.

Les conducteurs du câble, destinés surtout à être employés comme conducteurs secondaires, sont formés d'un fil de cuivre rouge que recouvre une enveloppe de caoutchouc garnie de coton. Deux fils ainsi isolés sont réunis dans une deuxième enveloppe commune formée d'une petite tresse plate, aussi en coton, serrée fortement sur elle-même.

La corde formée par la réunion de deux conducteurs isolés constitue le câble proprement dit.

Les fils de cuivre entrant dans la constitution du câble ont aujourd'hui 1 millimètre de diamètre[1].

Le fil caoutchouté est destiné principalement à servir de conducteur maître; il est composé de sept fils de cuivre fins réunis en une torsade. Cette âme conductrice, qui a $1^{mm},40$ de diamètre, est recouverte d'une enveloppe isolante protégée elle-même par une double spirale de coton.

### 3. — LIGATURES.

**88.** — L'organisation du système électrique au moyen duquel on transmet le feu aux fourneaux exige presque toujours la réunion de plusieurs fils métalliques, réunion obtenue au moyen de ligatures ou épissures qui demandent à être faites avec grand soin.

Les outils et matériaux nécessaires pour confectionner les ligatures sont : 1 pince plate ; — 1 pince coupante[2] ; — 1 morceau de papier de verre ; — 1 bobine de fil de cuivre fin (*fil à ligature*) ; — et, pour le cas où la ligature doit être recouverte d'une enveloppe isolante : — 1 bâton de chatterton ; — 1 pelote de fil fort ; — 1 ruban ou une bande de caoutchouc non vulcanisé ; — 1 pinceau et de la benzine.

Une mâchoire et un enrouleur, sans être indispensables, facilitent dans certains cas l'opération.

**89.** — Quand les deux conducteurs à réunir sont formés chacun d'un seul fil, on emploie pour en opérer la ligature un des deux procédés ci-après :

1° Juxtaposer sur une longueur de 6 à 8 centimètres les extrémités décapées des fils à relier ; les recourber en cro-

1. Les premiers câbles fournis par le service des parcs ayant été confectionnés avec des fils de cuivre beaucoup plus fins, on devra vérifier avec soin si les fils des câbles dont on est approvisionné n'ont pas un diamètre inférieur à 1 millimètre, et, dans le cas où il en serait ainsi, en demander le remplacement.

2. Ces deux pinces peuvent être remplacées par une seule pince plate coupant de côté, comme celle de la trousse du mineur des parcs du génie.

chet avec une pince plate, puis enrouler entre les deux boucles, en le serrant fortement, le fil à ligature (fig. 29);

Fig. 29. — Ligature faite à l'aide du fil à ligature.

2° Joindre en les recroisant sur une longueur de **10** à **15** centimètres les extrémités des conducteurs, puis les tordre l'un sur l'autre en sens inverse avec la pince plate (fig. 30).

Fig. 30. — Ligature dite torsade espagnole.

Un moyen commode d'exécuter cette opération consiste à pincer les deux fils dans une mâchoire (fig. 31), et à tordre successivement à l'aide d'un enrouleur chacun des bouts dépassant à droite et à gauche, en lui faisant faire deux ou trois tours autour du fil juxtaposé.

Fig. 31. — Procédé employé pour faire la torsade espagnole.

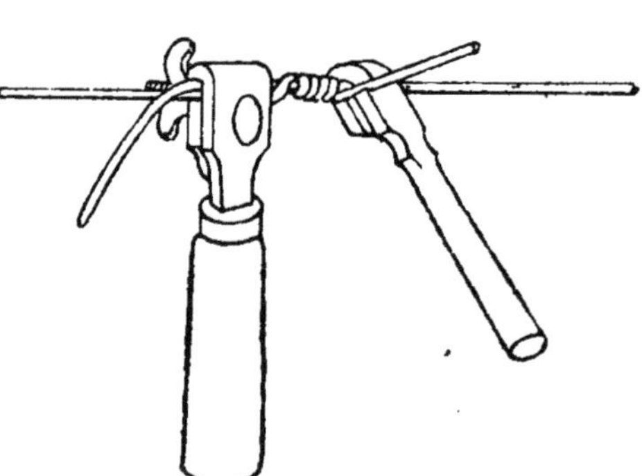

**90.** — Pour relier deux conducteurs formés de plusieurs fils réunis en torsade, décorder les extrémités de ces torsades sur une longueur de 15 centimètres environ, et relier les fils un à un par des ligatures étagées. Donner, s'il est possible, au faisceau des fils ainsi réunis, une torsion dans le sens de celle du câble ; ou autrement les envelopper dans une ligature en hélice faite avec le fil de cuivre fin.

On peut souvent se contenter d'enrouler l'une sur l'autre, sur une longueur de 10 à 12 centimètres, les extrémités des torsades métalliques, en consolidant au besoin leur jonction par des sur-liures faites avec le fil à ligature.

**91.** — La réunion d'un conducteur formé de plusieurs fils à un conducteur formé d'un seul fil s'opère par des

Fig. 32. — Ligature réunissant un conducteur formé de plusieurs fils à un conducteur formé d'un seul fil.

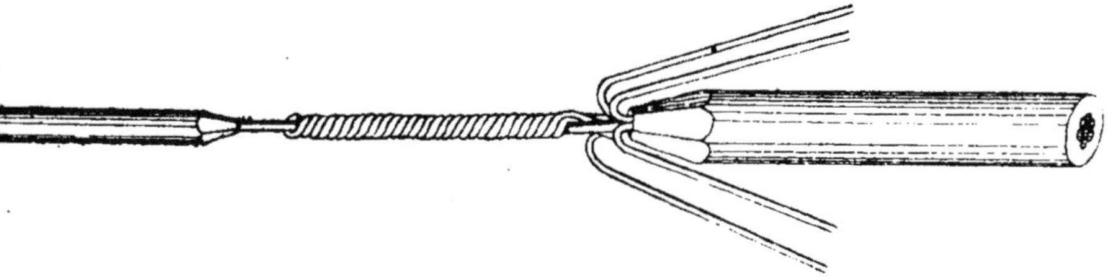

procédés analogues à ceux indiqués au paragraphe précédent. Souvent on se contente dans ce cas d'enrouler autour du fil unique deux ou trois des fils du câble multiple et on coupe les autres au ras de la torsade (fig. 32).

**92.** — Quand une ligature est à faire sur le milieu d'un conducteur, on enroule sur celui-ci, en forme d'hélice allongée, l'extrémité libre du fil à greffer, et on fixe les deux extrémités de cette hélice par des sur-liures faites avec le fil à ligature (fig. 33).

**93.** — Dans toute ligature, il est bon de couper avec la pince coupante les bouts en excédant et de bien aplatir les pointes.

Lorsque les ligatures doivent subsister pendant plusieurs jours, il est indispensable, pour bien assurer l'intimité des contacts, de les consolider au moyen d'une soudure pratiquée en les plongeant, sur toute leur longueur, dans un bain d'étain fondu, après les avoir au préalable frottées, sur toute la partie à étamer, avec le liquide qu'on obtient en mettant des rognures de zinc dans de l'acide chlorhydrique.

Lorsqu'au contraire les épissures sont exécutées au moment où l'on se dispose à donner le feu au fourneau, on peut se dispenser de la soudure, mais il faut alors, et c'est là une recommandation sur laquelle on ne saurait trop insister, décaper très soigneusement, avec du papier de verre, les deux extrémités des conducteurs métalliques qui doivent être mises en contact, et décaper aussi le fil employé à la confection de la ligature quand il est fait usage de ce fil.

Fig. 33. — Ligature pratiquée sur le milieu d'un conducteur.

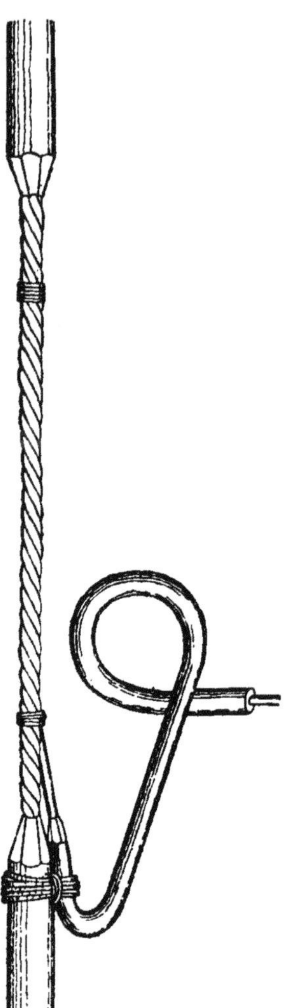

**94.** — Quand les fils à réunir sont recouverts d'une enveloppe isolante, cette enveloppe, dans tous les cas, doit tout d'abord être enlevée sur la longueur nécessaire pour former la ligature (fig. 32, 33, 34), et si cette dernière doit elle-même être préservée de contacts nuisibles à la transmission de l'électricité, on l'enveloppe d'un ruban de toile cirée enroulé en hélice et maintenu par un lien en fil fort ou en ficelle enroulée de manière à former une hélice en sens contraire de la précédente. Lorsqu'un isolement plus parfait est jugé nécessaire, on recouvre soigneusement la ligature sur toute son étendue d'une couche de mastic Chatterton que l'on entoure d'un ruban maintenu par une surliure, comme il est indiqué cidessus.

On peut aussi rétablir l'enveloppe isolante, en entourant la ligature d'une bande de caoutchouc qu'on soude sur elle-même avec un pinceau imprégné de benzine (fig. 34), ou en la recouvrant d'un bout de tube en caoutchouc dans lequel un des deux fils à relier a été introduit au préa-

Fig. 34. — Ligature de conducteurs isolés. Emploi d'une bande de caoutchouc.

Fig. 35. — Ligature de conducteurs isolés. Emploi d'un tube.

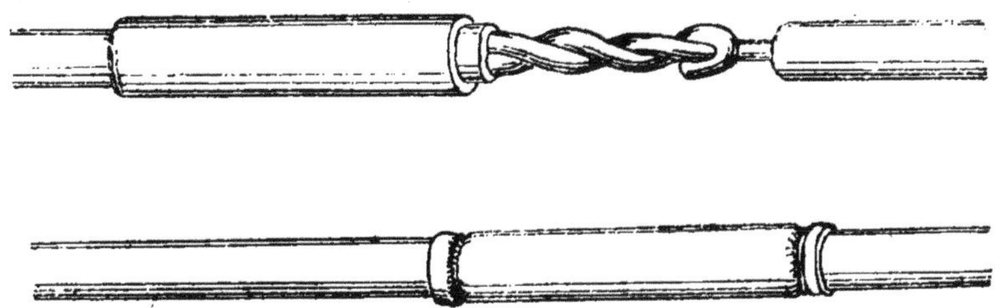

lable par son extrémité (fig. 35).

### 4. — AMORCE ÉLECTRIQUE.

**95.** — L'amorce électrique (fig. 36) se compose essentiellement de deux fils de cuivre réunis par un fil de platine très fin *a*, enroulé en forme d'hélice et qui, échauffé par le courant émanant de la pile, enflamme un petit tampon de fulmi-coton avec lequel il est en contact.

Les deux fils de cuivre sont fixés dans un noyau en bois dur *b*, qui assure, à proximité de l'hélice de platine, l'invariabilité de leur position relative en même temps que leur isolement. Ce noyau est surmonté d'un tube en papier *d* dans lequel est logé le fulmi-coton *c*. Le tout est coiffé d'une capsule en fulminate *e* semblable à celle décrite § 77, et recouvert d'une enveloppe *f* en chatterton qui rend l'amorce imperméable. Ainsi constituée, celle-ci convient également pour faire détoner la poudre de guerre et la dynamite.

Il sera bon, quand on aura à sa disposition les instruments

Fig. 36. — Amorce électrique.

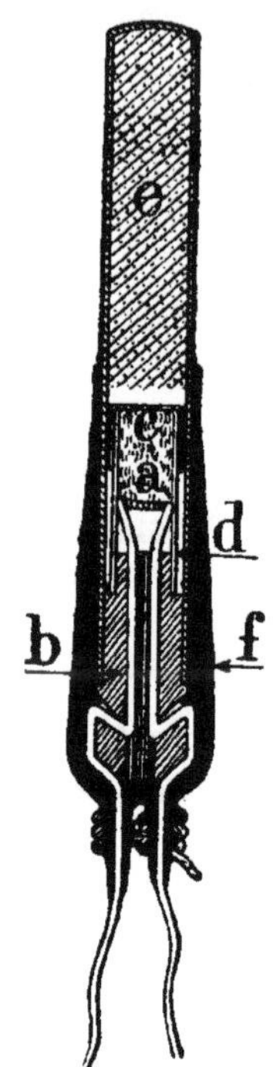


Coupe longitudinale.

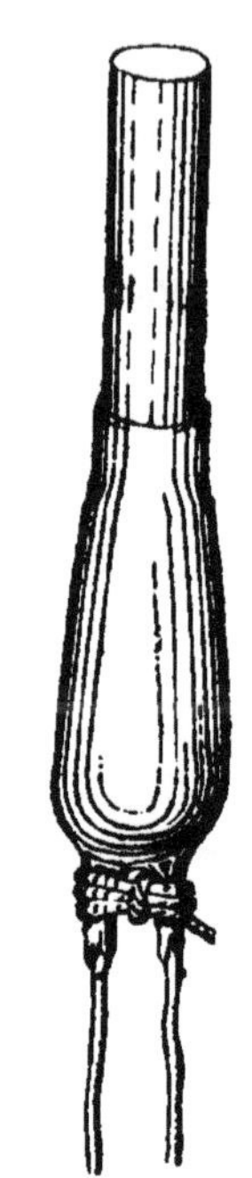

Vue perspective.
Éch. 1/1.

nécessaires, de vérifier, avant de s'en servir, si une amorce est en bon état en la soumettant à l'épreuve du galvanomètre (§ 107).

## II. — AMORÇAGE DES FOURNEAUX.

### 1. — AMORÇAGE D'UN FOURNEAU AVEC LA BOÎTE D'AMORCE, L'AMORCE ET LE CABLE DES PARCS DU GÉNIE.

**96.** — L'amorçage du fourneau comprend les opérations suivantes : 1° installer l'amorce électrique dans la boîte d'amorce et adapter les conducteurs à cette même boîte

2° installer la boîte d'amorce dans la chambre aux poudres et disposer les conducteurs dans les communications.

### Installer l'amorce électrique dans la boîte d'amorce et adapter les conducteurs.

**97.** — Aux outils et matériaux indiqués (§ 88), il faut ajouter une queue de rat, une amorce et un câble dont la longueur a été calculée d'après le projet établi pour la transmission du feu.

L'opération s'exécute ainsi qu'il suit (fig. 37) :

1° Dépouiller de son enveloppe extérieure, sur une longueur de 30 centimètres environ, l'extrémité du câble de manière à permettre la séparation des deux fils conducteurs sur cette même longueur;

2° Dégager l'enveloppe isolante de chacun des fils ainsi séparés, en déroulant, sans l'arracher, sur une longueur de 10 à 12 centimètres, la guipure en coton qui la recouvre, et mettre à nu les extrémités des fils de cuivre sur une longueur de 4 à 5 centimètres;

3° Déboucher les deux tubulures de la boîte d'amorce, puis, avec la queue-de-rat, percer le bouchon de liège de deux ouvertures parallèles à son axe et séparées par une distance de 15 à 18 millimètres;

4° Introduire dans ces deux ouvertures les deux bouts de fils dénudés à l'extrémité du câble;

5° Réunir par une ligature, soudée à l'étain s'il est nécessaire (§ 93), chacun des fils de l'amorce à chacune des extrémités dénudées du câble, et, dans le cas où les fourneaux sur lesquels on opère sont destinés à être enflammés simul-

Fig. 37.—Ajustage de l'amorce et du câble au bouchon de la boîte d'amorce.

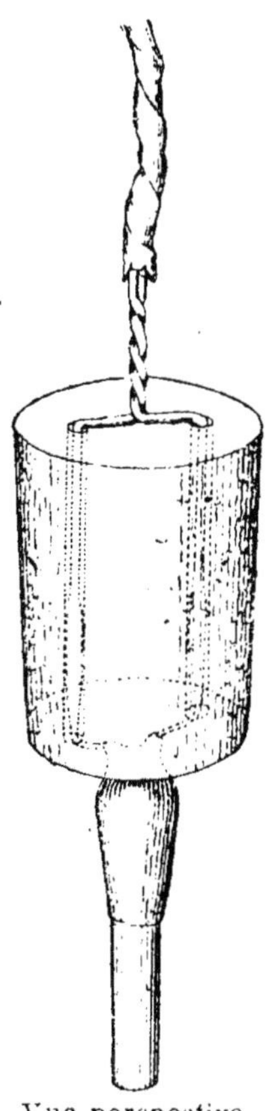

Vue perspective.
Éch. 1/2.

tanément, recouvrir cette ligature d'une enveloppe isolante (§ 94) ;

6° Tirer sur le câble de manière à appliquer l'amorce contre le bouchon, et à la disposer dans le prolongement de l'axe de ce dernier, puis rétablir la guipure en coton sur les deux conducteurs jusqu'à 1 centimètre environ du bouchon ;

7° Imprimer une légère torsion pour tordre au-dessus de la tête du bouchon les deux fils conducteurs, revêtus de leur enveloppe isolante, et, par la torsion de ces fils, fixer l'amorce dans la position qui lui a été donnée, puis consolider la torsade par une ligature en fil ou en ficelle faite tout contre le bouchon ;

8° Introduire du chatterton dans les deux orifices traversés par les fils et en garnir également le bouchon sur toute sa surface ;

9° Enfoncer fortement le bouchon dans sa tubulure ; l'y brider par une ligature en fil ou en ficelle se rattachant au bourrelet de cette tubulure, et luter soigneusement le tout avec du chatterton rabattu de manière à bien envelopper le bourrelet en question.

Si la fermeture ainsi constituée ne paraît pas suffisamment étanche, la compléter, comme il est dit § 69, par une bande de caoutchouc enveloppant la tubulure et les fils du câble dont la gaine isolante aura dû, dans ce cas, être mise à nu au point de soudure avec cette enveloppe ;

10° Rouler le câble en couronne s'il ne l'est déjà, et l'y maintenir par une torsion de l'extrémité libre autour des volutes. Remplir la boîte de poudre (§ 38), s'assurer que l'amorce plonge bien dans la charge et fermer la tubulure taraudée.

Dans le cas où la chambre aux poudres serait à l'abri de l'humidité, on se dispenserait de luter le bouchon et d'en fermer les ouvertures avec du chatterton.

### Installer la boîte d'amorce et les conducteurs.

**98**. — L'installation de la boîte d'amorce dans la chambre aux poudres, et celle du câble dans les communications, s'opèrent suivant les procédés indiqués (§§ 70 et 71) pour l'amorçage avec la fusée instantanée. Le câble n'a pas besoin d'être placé dans un auget, il suffira pour le protéger de le recouvrir de terre meuble ou d'un rang de sacs à terre juxtaposés.

### 2. — AMORÇAGE DE LA BOUTEILLE EN TOLE AVEC L'AMORCE ET LE CABLE DES PARCS.

#### Installer l'amorce électrique dans la bouteille, et y adapter les conducteurs.

99. — L'outillage nécessaire est celui qui est indiqué § 97, moins la queue de rat.

L'opération s'exécute ainsi qu'il suit :

1° Dénuder l'extrémité du câble, et attacher l'amorce aux deux fils conducteurs en exécutant la série des opérations indiquées aux 1°, 2° et 5° du § 97;

2° Immédiatement en arrière de l'amorce, séparer les deux conducteurs, en interposant entre eux une planchette ou un bout de tringle, auquel ils sont fixés par des ligatures en ficelle[1] (fig. 38);

3° Enlever, après l'avoir déboulonné, le couvercle en bronze de la bouteille, décoiffer la tubulure surmontant ce couvercle et en retirer la goupille;

4° Introduire, par son extrémité libre, le câble dans la

1. La simultanéité absolue de l'inflammation de plusieurs fourneaux ne saurait jamais être infailliblement assurée; or l'explosion de la capsule chargée de fulminate occasionne quelquefois, à proximité de l'amorce, sur l'enveloppe isolante des conducteurs, des éraflures qui mettent le cuivre à nu; un contact peut alors, par l'effet initial de l'explosion, s'établir entre les deux fils, et empêcher l'inflammation des fourneaux qui n'auraient pas encore pris feu à cet instant. C'est pour prévenir autant que possible ce contact nuisible, qu'au point où il est le plus à redouter on assure la séparation des conducteurs par l'interposition d'un bout de tringle. Il est à remarquer que dans le système indiqué § 97, pour adapter le câble à la boîte d'amorce, le bouchon en liège de cette boîte fonctionne comme le bout de tringle rendu par là inutile. Dans le cas où la charge à amorcer ne fait pas partie d'un groupe de fourneaux devant être enflammés simultanément, les précautions dont l'ojbet est de prévenir les contacts des conducteurs au moment de l'explosion ne sont évidemment pas nécessaires.

tubulure et, sur toute la partie qui devra se trouver logée définitivement dans cette dernière, dégager, en enlevant la guipure qui la recouvre, l'enveloppe isolante des conducteurs;

Fig. 38. — Dispositif pour prévenir le contact des deux conducteurs, au moment de l'explosion.

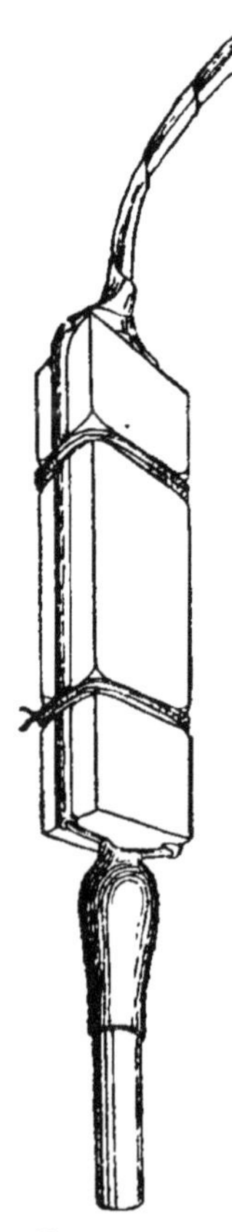

Vue perspective. Ech. 1/2.

5° Luter soigneusement avec du chatterton la tubulure ainsi que les trous de la goupille qui ne doit pas être replacée, et compléter au besoin la fermeture par une bande de caoutchouc embrassant la tubulure et les fils du câble, dont la gaine isolante aura dû être dépouillée de son enveloppe extérieure en coton au point de soudure avec l'enveloppe générale de caoutchouc. Celle-ci sera organisée d'ailleurs conformément aux indications données (§ 69);

6° Par une forte ficelle, et au moyen d'une double ligature, relier le câble à la tubulure de la bouteille, ainsi qu'il est expliqué (§ 68) pour l'ajustage de la fusée instantanée à une boîte d'amorce;

7° Introduire l'amorce dans la bouteille en la faisant pénétrer dans l'intérieur de la charge et reboulonner le couvercle.

Si l'on n'a pas à redouter la présence de l'humidité dans les forages, il n'y a pas lieu de supprimer l'enveloppe en coton sur la portion du câble traversant la tubulure de la bouteille, tubulure qui, dans ce cas, peut être fermée avec de la cire molle, ou avec toute autre substance malléable non hygrométrique et n'attaquant pas le caoutchouc.

### Installer le câble dans le forage.

**100.** — L'opération s'exécute comme avec la fusée instantanée (§ 76).

### 3. — AMORÇAGE, AVEC L'AMORCE ET LE CABLE DES PARCS, D'UN FOURNEAU CHARGÉ A LA DYNAMITE.

**101.** — Pour amorcer un fourneau chargé avec de la dynamite, on fixe l'amorce à l'extrémité du câble, au moyen de ligatures pratiquées sur chaque fil, comme il est dit au 5° du § 97; et si l'on opère dans la prévision d'explosions simultanées, on interpose entre les conducteurs un bout de tringle, ainsi qu'il est expliqué au 2° du § 99. La capsule est ensuite placée dans la cartouche amorce, et le reste de l'opération s'exécute conformément aux indications données § 77 pour le cas où l'amorçage est fait avec la fusée instantanée.

### 4. — AMORÇAGE DES FOURNEAUX AVEC DES CONDUCTEURS NON ISOLÉS.

**102.** — Lorsque les conducteurs dont on dispose ne sont pas recouverts d'une enveloppe isolante, l'amorçage est opéré ainsi qu'il suit :

1° Introduire les extrémités des deux conducteurs dans les deux trous percés dans le bouchon de la boîte d'amorce; attacher l'amorce à ces conducteurs et la disposer sous le bouchon dans le prolongement de son axe, en se conformant pour toutes ces opérations aux indications données 3°, 4°, 5° et 6° du § 97;

2° Fixer l'amorce dans la position qui lui a été donnée, en raidissant un peu les fils et en les maintenant au moyen d'une cheville disposée transversalement au-dessus du bouchon, cheville à laquelle chaque conducteur sera relié par une boucle ou une ligature (fig. 39);

3° Terminer l'opération en procédant à la fermeture de la boîte d'amorce, ainsi qu'il est dit aux 8° et 9° du § 97;

4° Installer la boîte d'amorce dans la chambre aux poudres (§ 70);

5° Développer successivement, dans les angles opposés des communications, chacun des conducteurs, en se conformant aux prescriptions données pour le développement du câble (§98) et en prenant les précautions nécessaires pour empêcher tout contact de ces conducteurs entre eux et avec l'enveloppe métallique de la boîte d'amorce.

Fig. 39. — Ajustage de l'amorce munie de conducteurs non isolés, au bouchon de la boîte d'amorce.

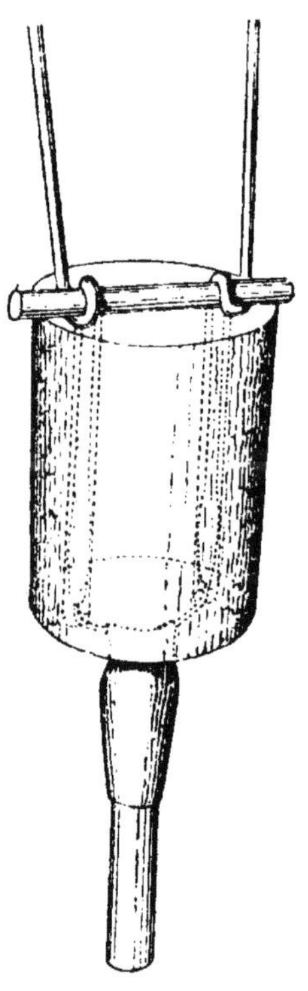

Éch. 1/2.

**103.** — L'emploi de conducteurs non isolés doit être évité autant que possible dans la préparation des explosions simultanées. Quand on n'en a pas d'autres à sa disposition, il est prudent de recouvrir un au moins de ces conducteurs d'une bande faite de toile cirée, de caoutchouc ou d'un ruban enduit d'une substance hydrofuge, bande qui est tournée en hélice et maintenue par une ligature en fil ou en ficelle formant une hélice en sens contraire de la première. Cette enveloppe improvisée doit être établie immédiatement en arrière de la boîte d'amorce, sur une longueur de 6 à 8 mètres, suivant la puissance de la charge.

Lorsqu'on est dans l'obligation de faire usage de conducteurs en fil de fer, il est bon que l'enveloppe isolante soit prolongée sur toute la longueur qui doit se trouver enfermée dans le bourrage.

### 5. — VÉRIFICATION DE L'AMORÇAGE DES FOURNEAUX AVEC LA PILE A EAU ET LE GALVANOMÈTRE.

**104.** — On emploie quelquefois dans le service du Génie un appareil qui permet de vérifier à tout instant si rien n'a été dérangé dans l'organisation de l'amorçage du fourneau. Cet appareil se compose de deux instruments : la pile à eau et le galvanomètre.

**105.** — **Pile à eau.** — La pile à eau (fig. 40) est formée d'un vase cylindrique en zinc de 92 millimètres environ de hauteur et 25 millimètres de diamètre; à ce vase s'adapte un bouchon auquel sont fixées : d'un côté, une tige de charbon qui se loge dans l'intérieur du cylindre sans en toucher les parois; de l'autre, une rondelle métallique en communi-

Fig. 40. — Pile à eau.

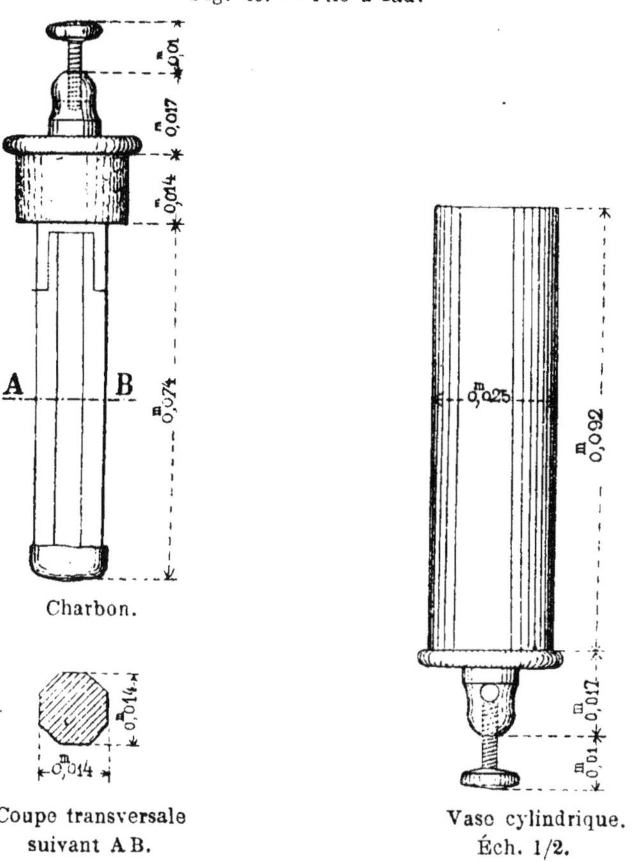


Charbon.

Coupe transversale suivant AB.

Vase cylindrique. Éch. 1/2.

cation électrique avec le charbon. Sur cette rondelle et sur la base du cylindre formant le fond du vase sont fixées deux petites bornes en cuivre à vis de pression.

Lorsqu'on veut faire fonctionner la pile, on remplit le cylindre d'eau saturée de sel commun, dit sel de cuisine, et on le ferme de son bouchon.

**106. — Galvanomètre.** — Il se compose d'une aiguille aimantée horizontale dont le pivot est placé au centre d'un cadre en bois disposé verticalement et autour duquel est enroulé un fil de cuivre recouvert de soie. Ce fil, qui fait autour du cadre un certain nombre de révolutions, est, par ses extrémités, en communication avec deux petites bornes ou boutons métalliques à vis de pression, qui sont destinés à être reliés aux deux pôles d'une pile.

Dans le galvanomètre adopté par le service du Génie (fig. 41), une ligne de repère, dirigée suivant l'axe du cadre et passant par le centre de l'aiguille, est marquée sur une tablette disposée dans le plan où se meut cette dernière ; le

Fig. 41. — Galvanomètre.

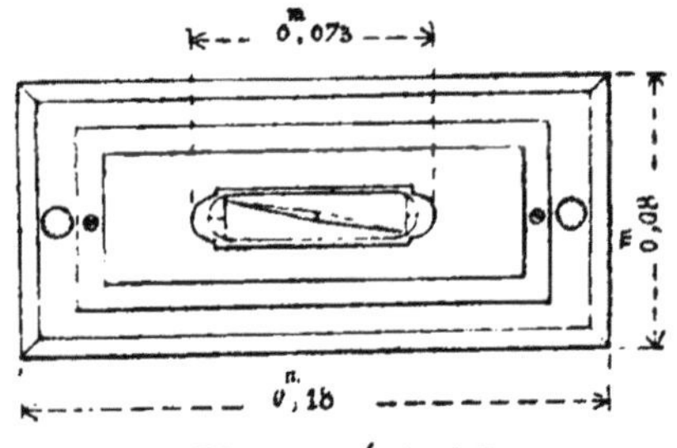


Plan. — Éch. 1/5.

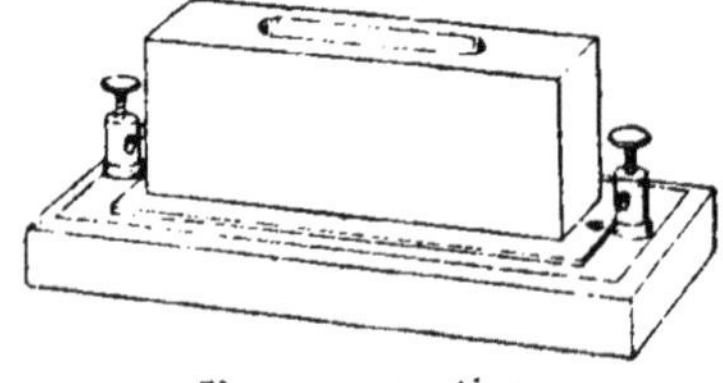

Vue perspective.

cadre est lui-même enfermé dans une chape en cuivre, et, sur le milieu du côté supérieur, au-dessus de l'aiguille, est ménagée, pour la facilité des observations, une ouverture de chaque côté de laquelle sont réparties également les spires du fil isolé[1].

1. Aux deux appareils décrits §§ 105 et 106, on paraît disposé à substituer aujourd'hui, d'une part, un galvanomètre à cadran, avec cercle divisé, permet-

**107.** — Pour vérifier si l'amorçage d'un fourneau est en bon état, on opère de la manière suivante :

La pile étant chargée comme il est expliqué § 105 :

1° Réunir, par un fil suffisamment souple s'engageant dans les boutons *a* et *e* (fig. 42), la pile au galvanomètre, et

Fig. 42. — Vérification de l'amorçage d'un fourneau avec la pile à eau et le galvanomètre.

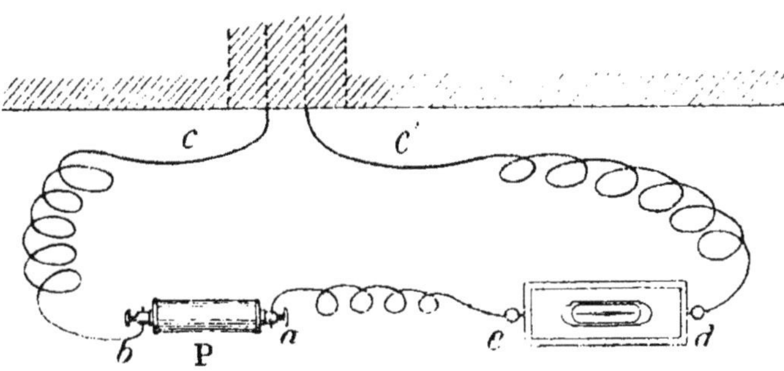


fixer au bouton *d* de ce dernier l'extrémité *c'* de l'un des conducteurs en communication avec l'amorce ;

2° Orienter le galvanomètre de manière à placer la ligne de repère sur la direction de l'aiguille ;

3° Mettre en contact, par une pression exercée à la main, l'extrémité *c* du deuxième conducteur du fourneau avec le bouton *b*.

Une déviation de l'aiguille doit se produire aussitôt que ce contact est établi. Si l'aiguille restait immobile, on en conclurait qu'une rupture existe dans le circuit métallique vecteur de l'électricité, et il y aurait lieu de rechercher le point où se trouve cette rupture.

Pour la facilité des opérations, il est commode de réunir les conducteurs *c* et *c'* au galvanomètre et à la pile par l'intermédiaire de fils de cuivre tournés en hélice qui se prêtent plus facilement à tous les mouvements.

tant de noter les déviations de l'aiguille ; de l'autre, une pile à eau composée de deux fils, l'un en zinc, l'autre en cuivre guipé de coton, qui sont enroulés en hélice sur un bâton formé d'une substance isolante.

**108.** — Lorsqu'on se dispose à procéder à l'amorçage d'un fourneau, il est bon, pour s'assurer tout d'abord qu'aucune solution de continuité n'existe dans l'intérieur de l'amorce, de soumettre cette dernière à l'épreuve du galvanomètre pratiquée comme il vient d'être indiqué ci-dessus, en mettant ses deux fils en communication immédiate avec les boutons *b* et *d*.

**109.** — Lorsqu'une solution de continuité est constatée dans un circuit et qu'on ne peut la trouver facilement, on en opère la recherche à l'aide du galvanomètre. Pour ce faire, on transporte l'appareil en A (fig. 43), immédiatement en arrière de la boîte d'amorce B, et, par l'intermédiaire des fils en hélice dont il vient d'être parlé, on met les deux conducteurs du fourneau en communication, l'un avec la borne libre de la pile, l'autre avec la borne libre du galvanomètre. Si l'aiguille aimantée reste immobile, l'amorce ayant été vérifiée, on peut être assuré que la solution de continuité se trouve dans une des ligatures réunissant cette amorce aux conducteurs. Si, au contraire, une déviation de l'aiguille est constatée, on doit en conclure que la continuité du circuit n'est pas altérée dans toute la portion comprise entre l'amorce et les points de contact avec l'appareil. On recommence alors l'expérience en reportant en A', en arrière de la ligature *m* la plus rapprochée, le système combiné de la pile et du galvanomètre, et on continue à se reporter ainsi successivement en arrière de chaque ligature jusqu'à ce qu'on arrive à un point où la déviation de l'aiguille cesse de se produire. La dernière des ligatures par rapport auxquelles on a opéré est celle où se trouve l'altération du circuit, et il faut la défaire pour en reprendre la confection avec plus de soin.

Fig. 43.
Recherche d'une rupture dans un circuit.

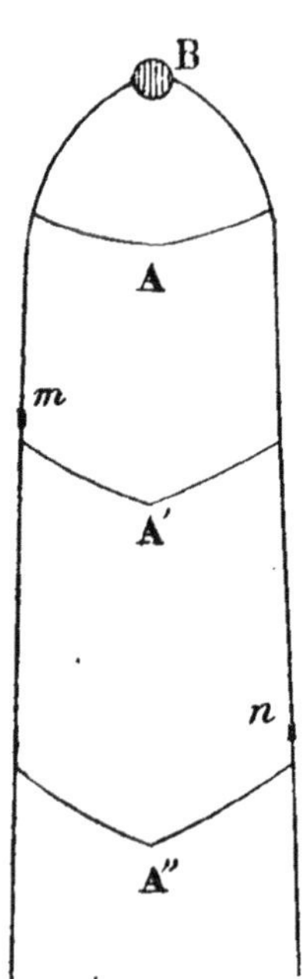

Le procédé de recherche qu'on vient d'exposer est d'une application facile lorsque les conducteurs du fourneau sont nus; mais il n'en est plus de même quand ces conducteurs sont recouverts d'une enveloppe isolante, et dans ce dernier cas, il y a presque toujours économie de temps à renoncer à l'emploi des vérifications échelonnées et à refaire immédiatement les ligatures suspectes pour recommencer ensuite l'expérience par laquelle on constate le bon état de l'ensemble du système.

Il est à remarquer que des contacts nuisibles qui se seraient établis entre les conducteurs, n'empêcheraient pas la déviation de l'aiguille de se produire ; elle serait au contraire dans ce cas beaucoup plus accentuée, et, pour un opérateur suffisamment expérimenté, l'excès même de l'amplitude de cette déviation suffirait pour lui permettre de constater la nature du vice existant dans l'organisation du système.

**110.** — Dans les divers essais faits avec le galvanomètre, il faut toujours avoir grand soin de bien décaper avec du papier de verre toutes les parties métalliques entre lesquelles des contacts doivent être établis.

Si l'on s'apercevait pendant les expériences d'un affaiblissement trop sensible de la pile, on la raviverait en agitant ou au besoin en remplaçant le liquide excitateur. Il faut, dans tous les cas, se garder de substituer à l'eau salée un liquide dont l'action serait plus énergique et qui pourrait provoquer l'inflammation de l'amorce.

# CHAPITRE III

## DU BOURRAGE

### I. — PERSONNEL ET MATÉRIEL.

**111. — Objet du bourrage.** — Le bourrage a pour objet d'empêcher les effets de l'explosion de se perdre en partie dans le vide des communications, en opposant, du côté de ces dernières, à l'action des gaz, une résistance suffisante pour leur faire produire, dans le sens où ils doivent surtout agir, les effets que l'on a en vue.

Les bourrages des fourneaux dans les dispositifs de mines permanents se font en terre, en terre et gazons, en sacs à terre ou en briques crues.

**112. — Personnel.** — Le personnel à employer au bourrage d'un dispositif peut être calculé en général à raison de deux hommes par fourneau. Un nombre d'auxiliaires, variable suivant les cas, est en outre nécessaire pour aider au transport à ciel ouvert des matériaux à mettre en œuvre.

**113. — Outils et matériel.** — L'outillage varie suivant la nature du bourrage à exécuter.

Pour un bourrage en terre et gazons, il comprend :

2 dames rondes, dont une à manche court ; — 1 rondin destiné à remplacer les dames pour le bourrage dans les angles ; — 1 pelle à manche court ; — 2 marteaux ; — 1 ciseau ; — 1 scie ; — 1 scie égohine ; — 1 hache à main et des pointes.

A cet outillage, il faut ajouter : les cordes, poulies, traîneaux ou paniers et, en général, tous les ustensiles nécessaires pour le transport, ustensiles variant suivant la nature du dispositif, et enfin, dans certains cas, des appareils d'éclairage, qui, toutes les fois que la transmission du feu se fera par les procédés pyrotechniques, ne sauraient être autres que des lampes de sûreté.

On devra avoir en outre, en approvisionnement, les augets pour le cordeau porte-feu, les poutrelles, planches et madriers nécessaires pour l'établissement des masques, et, dans le cas où l'on ne pourrait les trouver sur place, les terres et gazons à mettre en œuvre.

Si le bourrage doit être exécuté avec des briques crues ou des sacs à terre, les outils de terrassement, autres que le rondin destiné à effectuer le bourrage dans les angles, sont généralement inutiles.

Le nombre des sacs à terre ou des briques dont il faut s'approvisionner est calculé en raison du volume que présentent les vides à remplir (§ 119 et 120).

Dans tous les cas, l'outillage nécessaire à la confection du bourrage proprement dit doit être accompagné de celui que comportent les travaux à exécuter à ciel ouvert, tels que remplissage des sacs, transport des matériaux, etc. La composition de cet outillage pour travaux à ciel ouvert doit être déterminée d'après le système de bourrage adopté, la disposition des lieux et les ressources dont on dispose.

## 2. — EXÉCUTION DU BOURRAGE.

**114**. — L'exécution d'un bourrage comprend : la fermeture de la chambre aux poudres ; le transport des matériaux de remplissage dans les communications des dispositifs ; l'arrangement de ces matériaux dans les puits et rameaux, et, enfin, l'établissement des masques ou barricades répartis de distance en distance pour augmenter la résistance de la masse opposée à l'action des poudres.

**115**. — **Fermeture de la chambre aux poudres.** — Cette fermeture qui constitue le premier masque du bourrage, se fait au moyen d'un panneau formé d'une double épaisseur de madriers cloués les uns sur les autres à fils croisés, panneau qu'on applique contre l'ouverture de la chambre, en l'appuyant, suivant les cas, contre les parois de la communication adjacente ou contre les rebords en forme de feuillure

Fig. 44. — Fermeture d'une chambre aux poudres établie au fond d'un puits.

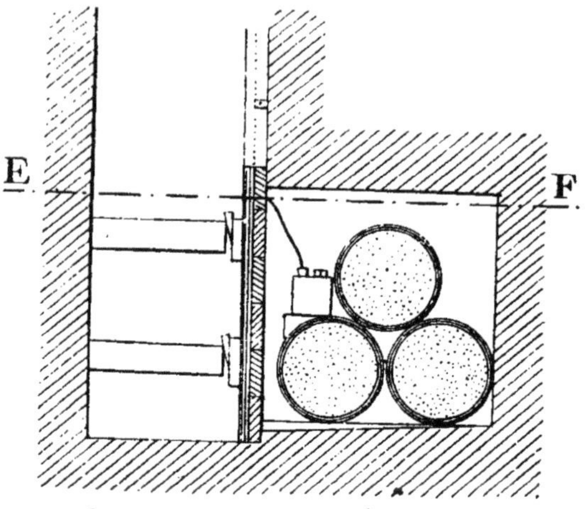


Coupe suivant EF. — Éch. 1/50.

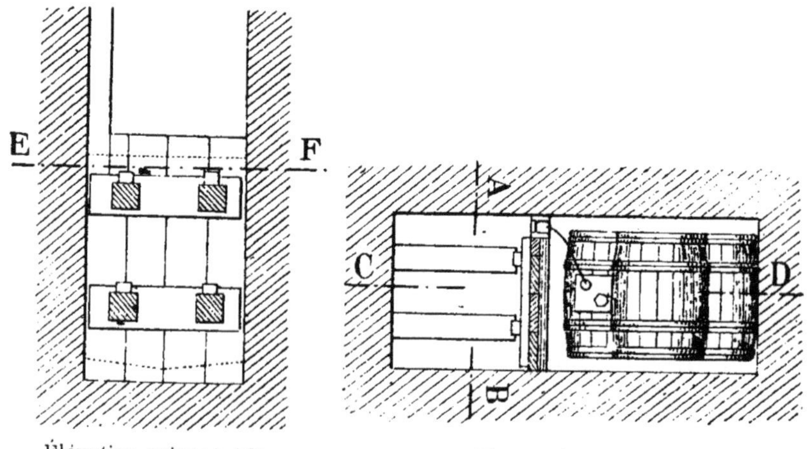


Élévation suivant AB. Plan suivant EF.

dont on peut profiter pour points d'appui. Les dimensions de la porte sont calculées en conséquence. Une ouverture est toujours ménagée à un des angles pour le passage du cordeau porte-feu ou de l'auget qui le contient.

Lorsque la chambre aux poudres est placée sur le flanc d'un puits ou d'un rameau, on étaie le panneau de fermeture au moyen d'étrésillons de 12 à 15 centimètres d'équarrissage, coincés fortement contre la paroi maçonnée faisant face à ce panneau (fig. 44).

Si la chambre est disposée dans le prolongement de la

Fig. 45. — Fermeture d'une chambre aux poudres établie dans le prolongement d'un rameau.

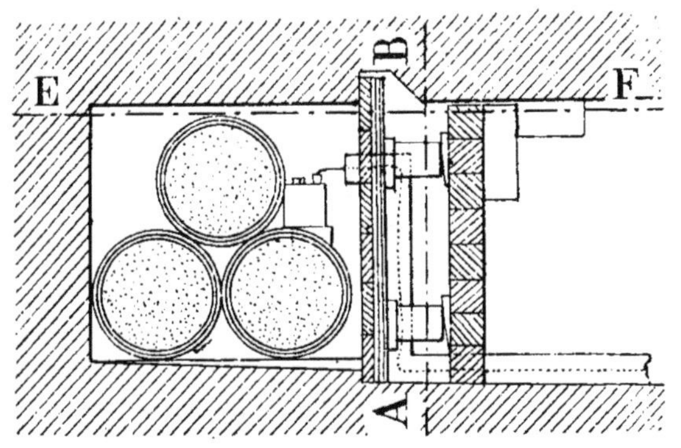


Coupe suivant CD. — Éch. 1/50.

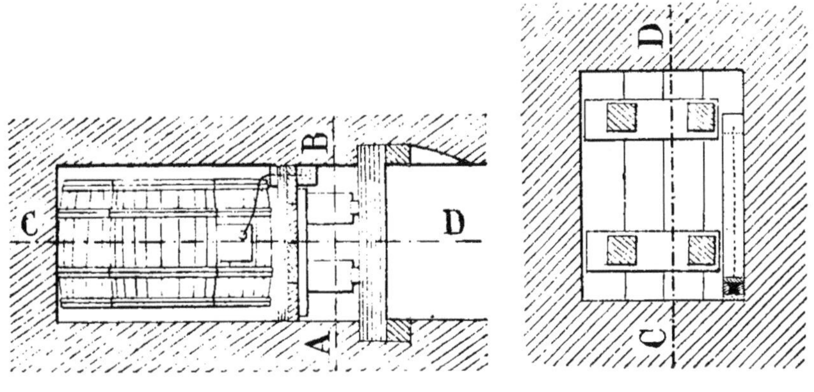


Plan suivant EF. Élévation suivant AB.

galerie qui lui donne accès (fig. 45), on appuie les étrésillons formant étais contre la barricade en poutrelles la plus voisine (§ 121). Dans les dispositifs bien organisés, cette barricade se trouve assez rapprochée du panneau de fermeture pour qu'on puisse assujettir celui-ci simplement avec des coins, sans qu'il soit nécessaire d'employer les étrésillons.

Dans le cas où les dispositions n'auraient pas été prises pour l'établissement du masque en poutrelles à une distance convenable, on pourrait encore soutenir la porte par des arcs-boutants disposés sous des taquets cloués sur cette porte et serrés au moyen de coins qu'on engagerait sous leur extrémité inférieure.

Il peut arriver que, pour maintenir solidement la boîte d'amorce, on soit obligé de l'étrésillonner contre le panneau de fermeture. Cette opération ne pourrait nécessairement s'exécuter qu'autant que le panneau serait formé de deux morceaux. La première moitié une fois mise en place fournirait le point d'appui en arrière duquel on disposerait, par l'ouverture provisoirement ménagée, le système de consolidation nécessaire, et on fermerait ensuite cette ouverture avec la deuxième moitié.

On a, dans les dispositions prescrites pour le chargement des fourneaux, prévu le cas où la boîte ne pourrait trouver place dans la chambre aux poudres (§ 70). Cette circonstance venant à se présenter, il faudrait, de toute nécessité, ménager dans le panneau de fermeture une échancrure où loger cette boîte d'amorce.

**116. — Transport des matériaux.** — Le transport à pied d'œuvre des matériaux qui doivent servir au bourrage se fait, suivant les cas, par brouettes, par voitures ou par trains de chemin de fer. Lorsqu'on emploiera les sacs à terre, on trouvera souvent avantage à amener ces sacs tout remplis.

Les matériaux sont disposés d'abord à proximité de l'orifice du dispositif ou dans les vestibules qui y donnent accès. Pour les faire parvenir au mineur en tête du travail, on se sert, suivant les cas, de paniers manœuvrés avec des cordes ou du traineau décrit § 42, traîneau approprié au préalable à ce genre de service au moyen de quelques bouts de planches disposés en forme de plancher sur ses épars.

Lorsque le transport comporte un long trajet dans les galeries, si l'on dispose d'un personnel suffisant et si l'aération des dispositifs le permet, on organise une chaîne de travailleurs, qui, accroupis le long des communications, se passent les matériaux de mains en mains. Ce système de circulation est surtout avantageux pour le transport des sacs à terre.

**117. — Bourrage en terre.** — Pour bourrer une galerie, le mineur verse les terres, qu'on lui fait parvenir par le moyen de sacs ou de paniers, tout contre le masque fermant l'ouverture de la chambre (§ 115), il les relève à la pelle dès qu'elles sont en quantité suffisante et les dame ensuite fortement suivant leur talus naturel; il continue ainsi en damant par couches successives de 25 à 30 centimètres et se servant de son rondin ou d'un manche d'outil pour bien garnir les angles.

Parvenu à l'emplacement d'un masque (§ 121), il établit celui-ci en commençant par les pièces inférieures et garnit de terres bien comprimées l'espace vide compris entre le bourrage déjà exécuté et la barricade, au fur et à mesure de l'élévation de cette dernière. Le travail est repris ensuite à partir de la nouvelle cloison pour continuer de la même manière jusqu'à complet achèvement.

Lorsqu'il s'agit du bourrage d'un puits, l'opération, naturellement simplifiée, se borne à un damage de la terre par couches horizontales successives. Une terre franche un peu argileuse se prête bien à l'exécution du bourrage. Le sable coulant convient également, mais sa mise en œuvre présente plus de difficulté.

**118. — Bourrage en terre et gazons.** — Lorsqu'on a des gazons à sa disposition, on peut activer le travail en interposant, de distance en distance dans le bourrage, des massifs, de 80 centimètres à 1 mètre de longueur, formés au moyen de ces gazons disposés par lits superposés. Un de ces massifs sera généralement placé tout contre le masque de fermeture de la chambre aux poudres.

**119. — Bourrage en briques crues.** — Les briques crues se disposent dans les bourrages par lits successifs et à joints croisés, comme on les disposerait pour construire une maçonnerie. On constitue un excellent bourrage en employant alternativement la terre et les briques crues, comme il est indiqué au paragraphe précédent pour le bourrage en terre et gazons.

Les briques se fabriquent dans des moules, comme les briques ordinaires, avec de la glaise mélangée au besoin de paille hachée. Il est avantageux de les employer avant qu'elles ne soient complètement sèches. On leur donne habituellement 30 centimètres de longueur, 20 centimètres de largeur et 10 centimètres d'épaisseur.

**120. — Bourrage en sacs à terre.** — Les sacs à terre sont des sacs en forte toile munis d'une ficelle passée dans deux œillets pratiqués à 3 millimètres du bord supérieur. Étant vides, ils ont 65 centimètres de longueur sur 33 centimètres de largeur.

Lorsqu'on a à remplir un grand nombre de sacs à terre, on organise sur un terrain meuble des ateliers composés de 6 hommes, savoir: 1 piocheur; — 2 pelleteurs ; — 1 servant et 2 lieurs. Le servant se tient à genoux dans l'excavation ou assis sur le bord, présentant le sac ouvert entre les deux pelleteurs. Les lieurs sont à côté de lui. Un atelier ainsi composé peut préparer 150 sacs par heure.

Les sacs destinés au bourrage ne doivent être remplis qu'aux deux tiers environ. Une terre franche et surtout le sable coulant conviennent bien pour ce remplissage.

Pour exécuter le bourrage, le mineur dispose les sacs par lits, en les aplatissant un peu, afin qu'ils se joignent mieux. Un de ces sacs est vidé de temps en temps pour remplir les joints. Les vides en arrière des masques, quand il en existe, sont remplis de la même manière avec de la terre meuble damée au moyen du rondin ou d'un manche d'outil, qui sert également à bien garnir les recoins non remplis.

Dans la formation d'un bourrage, il faut compter par mètre cube de 60 à 70 sacs à terre.

**121. — Installation des masques dans les bourrages.** — Les masques ou barricades sont destinés à augmenter la résistance du bourrage. Le panneau de fermeture de la chambre aux poudres, établi comme il est expliqué § 115,

Fig. 46. — Installation des masques dans un rameau.

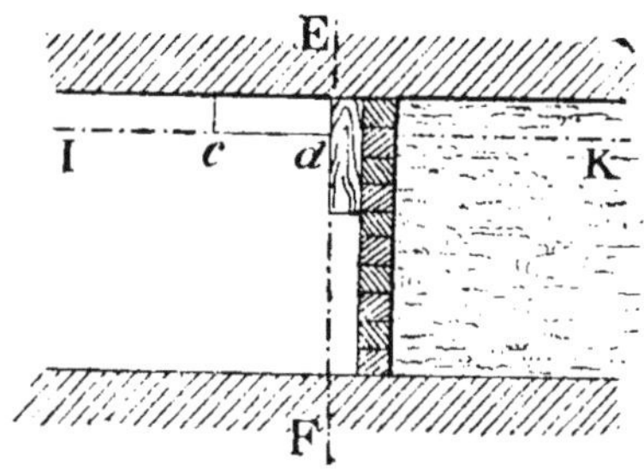

Coupe suivant G H.

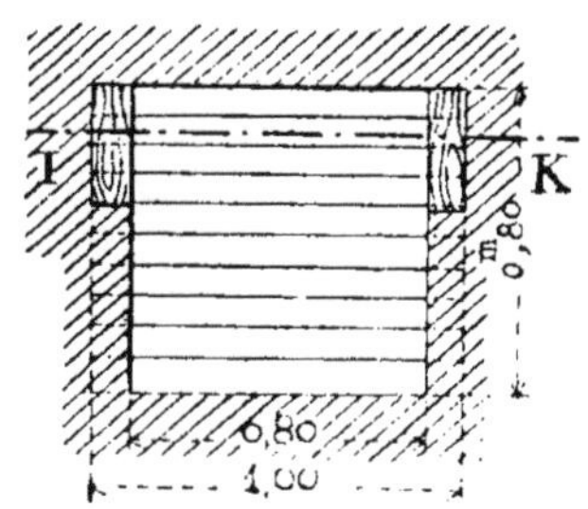

Élévation suivant E F.

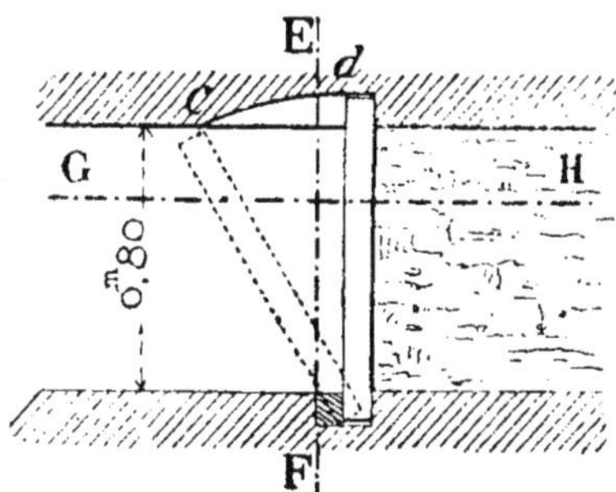

Plan suivant I K.

forme le premier de ces masques. Ceux qui viennent ensuite, répartis de distance en distance, sont constitués, pour les dispositifs réglementaires, par des poutrelles jointives engagées comme il est indiqué aux figures 46, 47, 49 et 50, dans des rainures ménagées dans les parois des communications. Lorsque des échancrures, telles que celles représentées en *a b* (fig. 47) et *c d* (fig. 46), n'auront pas été préparées pour l'introduction des poutrelles dans les rainures, il sera difficile d'établir jointives les pièces de bois qui doivent former la barricade et on trouvera généralement avantage à procéder, dans ce cas, ainsi qu'il suit.

Le bourrage étant parvenu à hauteur de l'emplacement du masque, appliquer contre ce bourrage un panneau formé

Fig. 47. — Établissement des masques dans un puits[1].

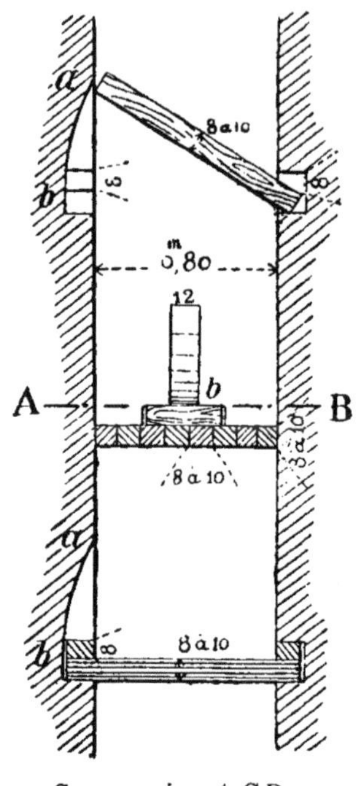


Coupe suivant C D.

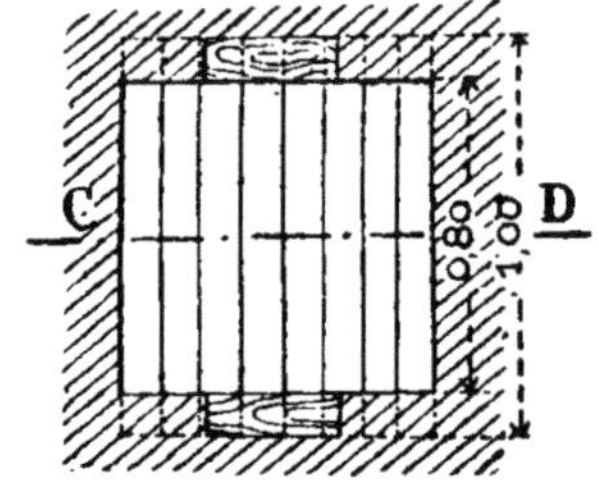


Plan suivant A B.

de planches ou de madriers recroisés, analogue à celui qui constitue la fermeture de la chambre aux poudres. Introduire dans les rainures, en les présentant vis-à-vis de ces dernières en diagonale, trois ou quatre poutrelles que l'on dispose à intervalles égaux (fig. 48) et que l'on maintient au moyen de coins s'il est nécessaire, puis coincer fortement le panneau contre ces poutrelles.

1. On a représenté le puits sans bourrage entre les masques afin de mieux mettre en évidence l'organisation de ces derniers.

Pour faciliter dans les rameaux la bonne exécution du

Fig. 48. — Installation d'un masque dans des rainures dépourvues d'échancrures.

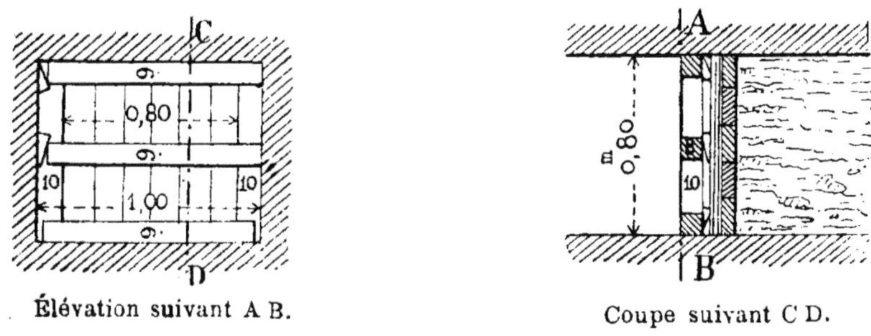


Élévation suivant A B.

Coupe suivant C D.

Fig. 49. — Organisation des masques dans un puits armé d'un fourneau.

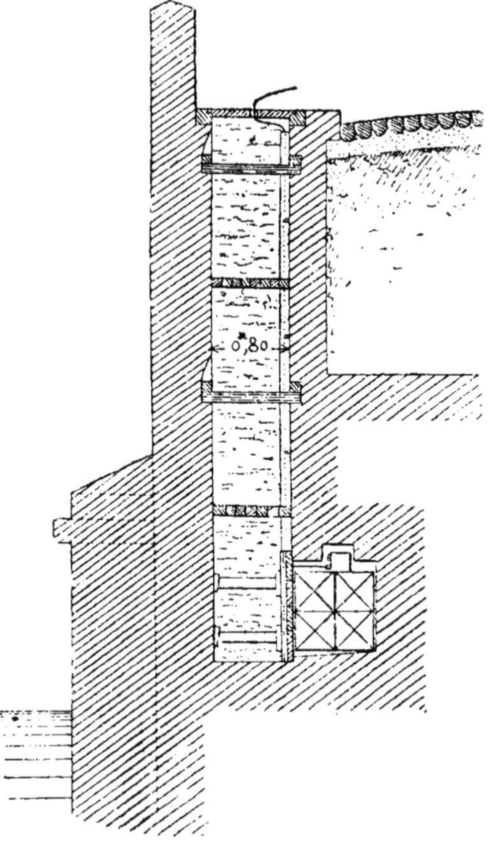

bourrage, il sera souvent commode de former le panneau de plusieurs morceaux juxtaposés.

Un masque, dit masque d'arc-boutement, est toujours construit à la queue du bourrage. Ce masque, établi con-

Fig. 50. — Organisation des masques d'un dispositif avec puits et rameaux.

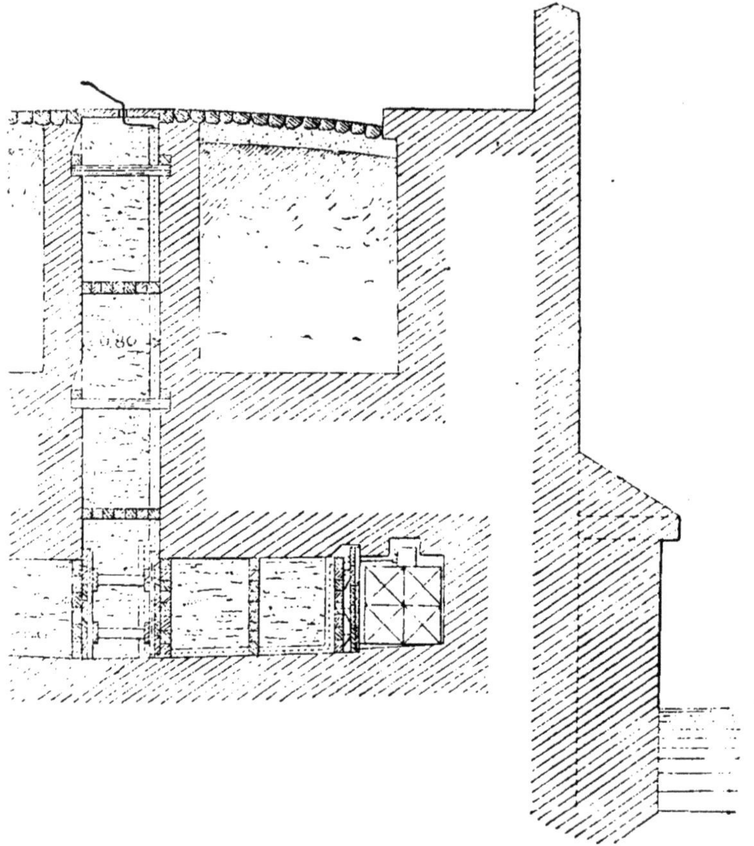

formément à l'une ou l'autre des dispositions indiquées ci-dessus, est solidement arc-bouté au moyen d'étrésillons contre la paroi qui lui fait face, et, à défaut de cette paroi, maintenu par des arcs-boutants serrés au moyen de coins et s'appuyant d'une part contre le sol de la galerie, de l'autre contre des taquets solidement cloués sur le masque. Il arrive fréquemment que deux bourrages disposés comme ceux représentés figure 50 s'arc-boutent réciproquement.

Entre le masque de fermeture et le masque d'arc-boutement, les barricades sont réparties à intervalles sensiblement égaux. Il ne faut pas toutefois en multiplier le nombre outre mesure ; ainsi, une distance d'un mètre environ entre deux barricades successives doit être considérée comme distance minima. Il est rarement nécessaire en outre d'installer dans le corps d'un bourrage plus de deux ou trois masques intermédiaires.

**122. — Longueur des bourrages.** — La longueur d'un bourrage est toujours comptée en ligne droite du centre des poudres à l'extrémité de la partie bourrée. Cette longueur, en principe, doit varier suivant l'importance de la charge.

Pour l'objet que l'on a ici principalement en vue, un bourrage fait avec un peu de soin peut être considéré comme complet quand il atteint les longueurs ci-après :

| | | | |
|---|---|---|---|
| Pour une charge de | 50 kil. | ................... | $4^m$,50 |
| — — | 100 — | ................... | 6 00 |
| — — | 200 — | ................... | 7 50 |
| — — | 300 — | ................... | 9 00 |
| — — | 500 — | ................... | 10 50 |
| — — | 700 — | ................... | 12 00 |
| — — | 1,000 — | ................... | 13 50 |

Il n'y a intérêt à dépasser dans la confection des bourrages les longueurs indiquées ci-dessus que dans le cas où quelques-unes des précautions, recommandées pour assurer leur action, auraient été négligées.

Dans la plupart des dispositifs permanents, on est obligé de se contenter de bourrages incomplets. Il n'y a pas toutefois à se préoccuper de leur insuffisance, les charges des fourneaux ayant été calculées de manière à y suppléer ; on s'attache seulement à apporter dans l'exécution du travail d'autant plus de soin que la longueur de ces bourrages est relativement moindre.

**123. — Bourrages des dispositifs à forages.** — La circulaire ministérielle du 22 janvier 1877 indique les différents systèmes de bourrage qu'il convient d'adopter suivant les cas pour ces dispositifs.

Si les fourneaux sont de première urgence et qu'on doive les faire sauter immédiatement après le chargement, l'auget protégeant le cordeau une fois installé, on bourre en sable fin le trou cylindrique (fig. 51), et en terre ou sable les

Fig. 51. — Dispositif à forages.

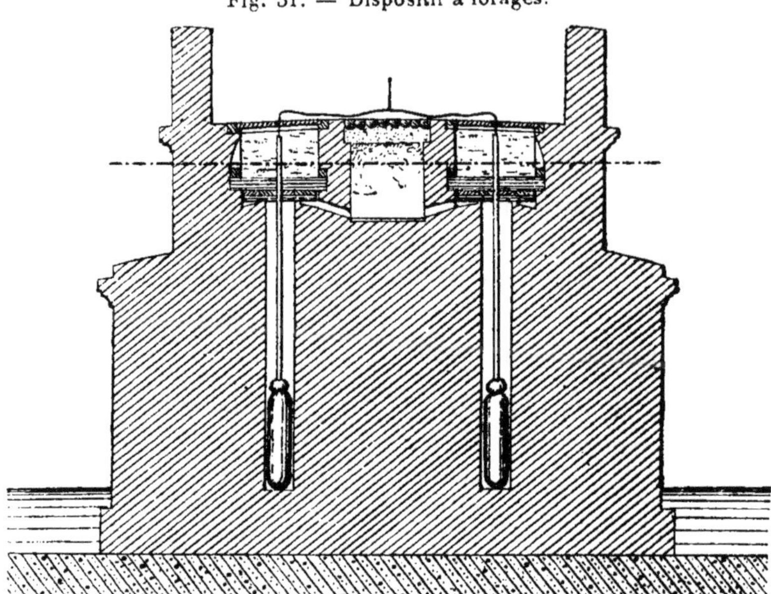

puits d'accès. En outre, si l'on veut augmenter la résistance, on accumule les rails et les gros matériaux au-dessus de l'orifice du puits.

Pour les fourneaux qui sont chargés longtemps à l'avance et dont on n'est pas certain de provoquer l'explosion, on procède différemment selon la profondeur du forage. Si cette profondeur est courte relativement à celle du puits d'accès, on supprime totalement le bourrage dans le forage cylindrique, et on se contente de bourrer le puits avec soin. Dans le cas, au contraire, où le forage est relativement long, il suffit, après avoir mis la charge en place, d'approvisionner, à côté de l'orifice du puits, la quantité de sable nécessaire pour le bourrage qui sera exécuté au moment seulement où on se disposera à donner le feu.

Enfin, dans certains dispositifs dont le puits et le trou cylindrique sont enduits en ciment, on peut très avantageusement opérer le bourrage en remplissant d'eau ces cavités. L'emploi d'un auget pour protéger le cordeau ne sera pas nécessaire dans ce dernier cas.

**124. — Temps nécessaire à l'exécution des bourrages.** — On le calcule, pour un dispositif quelconque, en ajoutant au temps nécessaire à l'exécution du bourrage proprement dit celui employé à l'installation des masques et barricades.

En admettant que le travail soit conduit par un mineur moyennement exercé, la vitesse des différentes sortes de bourrages dans les diverses communications peut être évaluée ainsi qu'il suit :

VITESSE D'EXÉCUTION DES BOURRAGES

| NATURE des communications. | DIMENSIONS. | LONGUEUR DE BOURRAGE exécutée en une heure — BOURRAGE en terre et gazons. | LONGUEUR DE BOURRAGE exécutée en une heure — BOURRAGE en sacs à terre. |
|---|---|---|---|
| Puits | $\left(\frac{0.70}{0.70}\right)$ | 4m,00 | 5m,00 |
| | $\left(\frac{0.80}{0.80}\right)$ | 3m,20 | 4m,00 |
| Rameaux | $\left(\frac{0.80}{0.80}\right)$ | 2m,00 | 3m,00 |
| | $\left(\frac{1.00}{1.00}\right)$ | 1m,40 | 2m,00 |
| Galeries horizontale | $\left(\frac{1.60}{1.00}\right)$ | 0m,90 | 1m,30 |
| Galeries ascendante avec escalier | $\left(\frac{1.60}{1.00}\right)$ | » | 1m,10 |

En ce qui concerne l'établissement des masques, on peut admettre que, dans l'hypothèse où tous les bois entrant dans leur constitution auront été préparés à l'avance, le temps nécessaire pour les rétablir sera

| | |
|---|---|
| Pour le masque de fermeture de la chambre aux poudres... | de 30′ à 45′ |
| Pour le masque d'arc-boutement ........................ | de 15′ à 20′ |
| Pour les masques intermédiaires ........................ | de 10′ à 12′ |

Si les bois n'étaient pas préparés, il faudrait compter des temps au moins doubles de ceux indiqués ci-dessus.

Des indications qui précèdent il résulte que le bourrage complet des dispositifs les plus simples pourra rarement être terminé en moins de deux heures. Il faudrait sept heures en opérant simultanément dans tous les rameaux pour exécuter le bourrage d'un dispositif tel que celui représenté fig. 67; dispositif où l'emploi des lampes pour l'éclairage est indispensable.

Les bourrages des fourneaux établis dans des forages, suivant les indications de la circulaire du 22 janvier 1877, pourront presque toujours présenter une résistance suffisante, sans qu'il soit nécessaire de les consolider par des masques établis dans les puits d'accès. Le temps qu'exigera l'opération sera relativement peu considérable, et dans la plupart des cas n'excédera guère 30 à 40 minutes.

**125. — Choix à faire entre les diverses sortes de bourrages.** — Au double point de vue de la facilité et de la rapidité du travail, le bourrage en sacs à terre doit être classé en première ligne; c'est même le seul qui puisse être adopté dans les galeries grimpantes avec escaliers, telles que celles des dispositifs de l'instruction du 30 novembre 1877 (fig. 67). Les avantages que présente l'emploi des sacs à terre sont toutefois beaucoup moins prononcés lorsqu'il s'agit du bourrage des puits descendants. Quant à ce qui est des puits ascendants, il n'existe aucun moyen pratique de les bourrer convenablement, et il est admis que les communications de cette nature resteront vides.

**126. — Simplification éventuelle des bourrages.** — Il peut arriver qu'on soit obligé de charger précipitamment un fourneau sans avoir le temps d'exécuter le bourrage avec tous les soins recommandés pour assurer complètement son effet. On simplifie, dans ce cas, l'opération en plaçant les masques rapidement, sans les étançonner, ou en supprimant même, s'il est nécessaire, les masques intermédiaires d'abord, et au besoin les masques de fermeture et d'arc-boutement. Si l'urgence est extrême, on réduit la longueur du bourrage et à la rigueur on le supprime complètement, en se contentant de tenir fermés les orifices des dispositifs, au moyen des portes ou des plaques de fermeture disposées de manière à livrer passage aux transmetteurs du feu. Dans ce dernier cas, l'effet des fourneaux, bien que sensiblement affaibli, sera suffisant encore pour assurer l'interruption des communications, mieux qu'on ne pourrait généralement le faire avec les dispositifs de circonstance rapidement improvisés au moment du besoin.

Si l'on a à sa disposition des poudres en quantité suffisante, on en profitera nécessairement pour suppléer à l'imperfection du bourrage par une augmentation de la charge, dont une partie sera, s'il le faut, logée dans les communications en arrière des chambres aux poudres.

On pourra aussi renforcer le corps d'un bourrage incomplet, en substituant aux masques supprimés des murs en sacs à terre, en briques, en moellons, etc.; en introduisant, dans les matériaux remplissant les communications, des poutrelles ou des rondins; en accumulant enfin à l'entrée de ces communications des terres, des rails, des pierres de taille, et en général les matériaux les plus lourds qu'on aura sous la main.

Quelle que soit la précipitation avec laquelle on opère, il faut toujours ménager avec grand soin les appareils de transmission du feu, dont le dérangement pourrait faire avorter complètement l'opération.

### 3. — DÉBOURRAGE DES DISPOSITIFS.

**127.** — Pour débourrer un dispositif, on démonte les masques successivement et on retire un à un les sacs à terre, les briques ou les gazons. — Les terres reprises à la pelle sont extraites au panier. On doit redoubler de précautions lorsqu'on arrive à proximité des poudres et, dans tous les cas, opérer avec assez de soin pour ne risquer d'endommager ni les parois des communications, ni les appareils de transmission du feu.

**128.** — On est conduit à opérer le débourrage d'un dispositif :

1° A la suite d'un raté, pour rétablir le système de transmission du feu ;

2° Lorsqu'en raison de la direction donnée aux opérations militaires ou de leur cessation, la destruction de l'ouvrage miné devient sans objet, et qu'il y a lieu, en conséquence, de retirer les poudres des fourneaux.

Dans le premier cas, les matériaux extraits avec soin sont rangés méthodiquement, le plus près possible de l'entrée du dispositif, de manière à pouvoir être remis rapidement en place.

**129.** — Le débourrage d'un fourneau est une opération toujours délicate, surtout lorsqu'il faut l'entreprendre à la suite d'un raté donné par les procédés pyrotechniques d'inflammation. Le travail exige alors une surveillance attentive, et il est prudent de ne le commencer que plusieurs heures après que le raté s'est produit et sans négliger d'ailleurs les mesures préventives des accidents, recommandées § 147.

# CHAPITRE IV.

## MISE DU FEU AUX FOURNEAUX.

---

**130.** — On a compris dans ce chapitre toutes les opérations de la dernière heure, c'est-à-dire toutes les opérations à exécuter, à partir du moment où est parvenu l'ordre de faire sauter l'ouvrage miné ou de se tenir prêt à le faire sauter au premier signal.

### I. — PROCÉDÉS PYROTECHNIQUES.

**131.** — Pour donner le feu par procédé pyrotechnique à un fourneau amorcé avec un artifice à combustion rapide, on emploie toujours comme intermédiaire un artifice à combustion lente (§§ 53 à 56), qui n'enflamme le premier qu'après un temps calculé de manière à permettre à l'opérateur de se retirer sans trop de précipitation, soit sous un abri préparé à l'avance (§ 173), soit hors de la portée des effets de l'explosion.

Le feu est mis directement à l'artifice à combustion lente à l'aide d'un allumeur (§ 64).

Des divers artifices à combustion lente susceptibles d'être employés pour l'opération dont il s'agit, le cordeau Bickford est à la fois le plus sûr et le plus commode. Combiné avec la fusée instantanée, il constitue le meilleur des systèmes à adopter pour la transmission du feu. C'est celui dont on s'occupera tout d'abord.

## I.—MISE DU FEU AVEC LE CORDEAU BICKFORD AUX FOURNEAUX AMORCÉS AVEC LA FUSÉE INSTANTANÉE.

### 1. — TRANSMISSION DU FEU A UN SEUL FOURNEAU.

**132.** — On devra être muni : d'un morceau de cordeau Bickford dont le bon état aura, au préalable, été vérifié comme il est dit § 53 et dont la longueur sera déterminée de manière à satisfaire aux conditions spécifiées au § 131 ; — d'une paire de ciseaux coupant bien ou d'un sécateur ; — d'un canif ou d'un couteau bien tranchant ; — d'une pelote de ficelle fine ; — d'une pelote de ficelle très forte ; — d'une bande de toile (de toile cirée de préférence) ; — d'un morceau de chatterton ; — d'un briquet et d'amadou, sinon d'une boîte d'allumettes ou de tout autre allumeur (§ 64).

**133.** — L'opération comprend la réunion de la fusée lente à la fusée instantanée par une boîte d'inflammation (§ 138) ou par une épissure, l'amorçage du Bickford et enfin la mise du feu.

**134.** — **Enture d'une fusée lente sur une fusée instantanée.** — Tailler en sifflet allongé l'extrémité de la fusée lente ; tailler également en biseau, mais moins allongé, l'extrémité libre du cordeau porte-feu (fig. 52) ; introduire le premier dans le tube en toile cirée du second en s'efforçant d'y faire pénétrer, sur toute la longueur de sa section, la face coupée que l'on tient tournée vers l'axe de ce tube ; recouvrir l'enture d'une bande de toile et maintenir celle-ci au moyen d'un ficelage en hélice pas trop serré, long de 5 à 6 centimètres, arrêté par un nœud à ses deux extrémités.

Pour faciliter la pénétration et le contact des deux fusées, il est bon de préparer le logement du Bickford dans l'âme du cordeau au moyen d'un petit morceau de bois dur, taillé en pointe comme une queue de canif, pointe avec laquelle on refoule les mèches sur un des côtés du tube.

Si l'épissure a besoin d'être imperméable, on la recouvre

Fig. 52. — Enture d'une fusée lente sur une fusée instantanée.

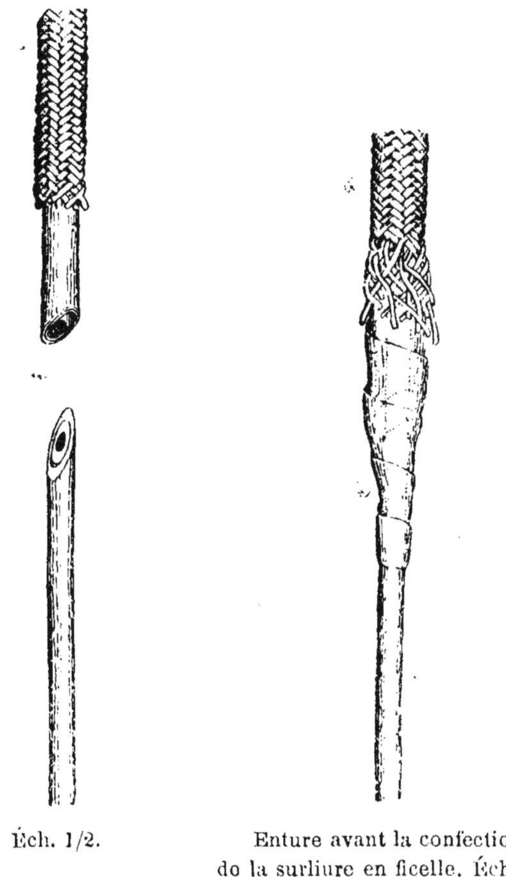

Éch. 1/2.

Enture avant la confection de la surliure en ficelle. Éch. 1/2.

d'une couche de chatterton en ayant soin de retrousser au préalable le tressage extérieur qu'il faut éviter d'enfermer dans le corps de l'épissure. On peut encore, pour assurer l'imperméabilité de cette dernière, substituer à la toile qui entre dans sa confection une bande de caoutchouc non vulcanisé, que l'on soude sur elle-même et sur les enveloppes imperméables des deux cordeaux avec de la pâte de caoutchouc liquide[1], ou avec de la benzine.

**135.** — Si l'explosion du fourneau ne doit pas être provoquée immédiatement, on recouvre l'extrémité libre du Bickford avec de la cire ou du chatterton ; on l'enferme dans un sac à terre, et on loge le tout dans l'intérieur du dispositif, en arrière de l'orifice que l'on tient fermé.

### Amorçage du cordeau Bickford et mise du feu.

**136.** — Dès qu'on a reçu l'ordre de faire sauter, on opère ainsi qu'il suit :

1° Développer l'extrémité de la fusée instantanée roulée en couronne et munie de Bickford ;

2° Couper carrément, avec les ciseaux ou le sécateur, le cordeau Bickford à 2 ou 3 centimètres de son extrémité ; le fendre suivant son axe sur une longueur de 3 à 4 centimètres, de manière à mettre à nu le filet de poudre, et placer en travers de cette fente une petite bande d'amadou que l'on maintient, s'il est nécessaire, par une ligature peu serrée ;

3° Au commandement donné, enflammer avec un allumeur (§ 64), le morceau d'amadou disposé comme il vient d'être dit, attendre le moment où le cordeau Bickford commencera à fuser en produisant une fumée épaisse et se retirer seulement alors, sans trop de précipitation.

Lorsque pour enflammer la fusée lente on doit faire usage de la mèche à canon, de la mèche à briquet ou du porte-feu Bickford (§§ 56 et 57), la manière d'opérer est modifiée en ce sens que l'extrémité de la fusée est taillée en sifflet, et que l'on applique directement sur sa section la pointe enflammée de l'allumeur, après avoir secoué celui-ci et soufflé au besoin pour faire tomber la cendre et raviver

1. La pâte de caoutchouc liquide s'obtient en faisant dissoudre, dans $0^k,200$ de benzine, $0^k,050$ de caoutchouc non vulcanisé découpé en petits morceaux. Lorsqu'on veut s'en servir, on y ajoute environ $0^k,400$ de benzine pour liquéfier la pâte et en faciliter ainsi l'emploi.

le feu. Enfin on facilite dans tous les cas l'inflammation du cordeau en y adaptant une *amorce Ruggieri* (§ 137).

**137. — Amorce Ruggieri.** — En principe, dans l'opération de mise du feu à la fusée lente, on doit éviter de se servir des allumeurs produisant une flamme (allumettes, torches, etc.).

Lorsqu'un cordeau doit être allumé à un instant précis, on obtient son inflammation immédiate en coiffant d'une amorce Ruggieri son extrémité libre, ravivée par une section bien nette, faite carrément.

L'amorce Ruggieri consiste en un petit cylindre de cuivre fermé à une de ses extrémités par une composition inflammable dans laquelle s'engage une courte étoupille qui reçoit le feu de l'allumeur. Le cylindre a 20 centimètres de longueur et un diamètre intérieur égal au diamètre de la fusée Bickford à laquelle il s'adapte exactement. On peut l'y fixer au besoin par une légère sertissure, en ayant bien soin de ne pas trop serrer pour ne pas étrangler le cordeau.

Dans le cas où on n'aurait pas d'amorces Ruggieri à sa disposition, il faudrait, pour obtenir l'inflammation immédiate, se résigner à prendre la torche pour allumeur, et on humecterait alors d'essence de térébenthine l'extrémité libre du cordeau.

### 2. — INFLAMMATION SIMULTANÉE DE PLUSIEURS FOURNEAUX.

**138.** — Pour donner le feu à plusieurs fourneaux à la fois, on rattache par une épissure à un même cordeau formant souche les extrémités des fusées instantanées communiquant à ces fourneaux, ou on les réunit dans une boîte d'inflammation.

La confection d'une épissure ne peut être confiée qu'à un homme déjà exercé à ce genre de travail, et tout le soin apporté à l'opération ne saurait offrir une garantie absolue contre les chances de ratés ; aussi, toutes les fois qu'au point de jonction des cordeaux, l'imperméabilité n'est pas nécessaire, convient-il de substituer à l'épissure la boîte d'inflammation. Cette boîte présente la forme d'un prisme rectangulaire à base carrée ayant dans œuvre 6 à 8 centimètres de côté et 3 à 4 centimètres de hauteur (fig. 53); elle est percée sur ses faces latérales d'un plus ou moins grand nombre de trous circulaires de 12 millimètres de

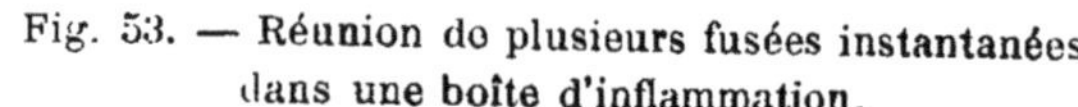
Fig. 53. — Réunion de plusieurs fusées instantanées dans une boîte d'inflammation.

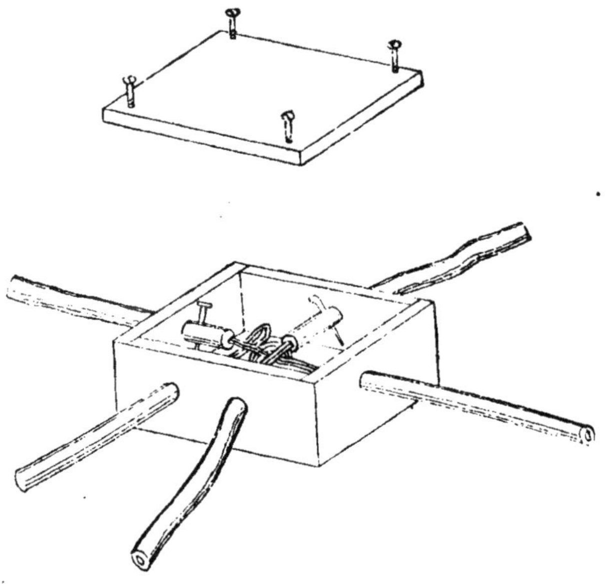

diamètre, et peut être fermée par un couvercle qu'il est commode de fixer à un de ses angles par une pointe formant pivot.

Pour organiser la transmission du feu avec la boîte d'inflammation, on ajoutera à l'outillage détaillé au § 132 une boîte de pulvérin[1], quelques chevillettes en bois, puis on procédera ainsi qu'il suit :

1° Introduire par les ouvertures de la boîte, sur une longueur de 10 centimètres environ, les extrémités des cor-

1. Le pulvérin se fabrique en écrasant les grains de poudre de manière à les réduire en fine poussière.

deaux à enflammer, et y introduire également le cordeau Bickford après en avoir rafraîchi l'extrémité par une section bien nette faite, carrément avec les ciseaux ou le sécateur ;

2° Fixer solidement tous les cordeaux dans la boîte au moyen des chevilles passées dans le tressage et maintenues en outre par un ficelage, ou, plus simplement, en réunissant par une ficelle, formant une ligature autour de chacune d'elles, les extrémités des fusées introduites par les ouvertures ;

3° Fendre ces extrémités sur une longueur de 5 à 6 centimètres, en bien dégager les étoupilles sans les dégarnir et les réunir au centre de la boîte, qu'on recouvre de son couvercle si le feu ne doit pas être donné immédiatement. On protège en outre cette dernière par une toile goudronnée, quand il faut la garantir de la pluie.

Dès qu'on veut provoquer l'explosion :

1° Disposer la boîte de telle sorte que l'extrémité du cordeau Bickford à enflammer se trouve sous le vent par rapport à cette boîte, et autant que possible par rapport aux fusées instantanées qui y aboutissent ;

2° Découvrir la boîte et y introduire trois ou quatre pincées de pulvérin, en ayant soin d'en bien recouvrir les étoupilles réunies à son centre, ainsi que l'extrémité du cordeau Bickford ;

3° Procéder à la mise du feu et en opérant sur la fusée lente comme il est expliqué (§ 136).

Il faut avoir soin de ne pas mettre dans la boîte une quantité trop grande de pulvérin, et de laisser cette dernière découverte, ou, si le vent oblige à la tenir fermée, de poser simplement le couvercle sans le fixer ; on évitera ainsi les commotions violentes qui autrement pourraient se produire au moment de l'inflammation, désorganiser le système et projeter les cordeaux avant qu'ils aient pris feu.

**139.** — Il arrive fréquemment que, dans l'organisation d'un dispositif de transmission du feu, on est conduit à employer plusieurs boîtes qui se communiquent le feu de l'une à l'autre par des fusées instantanées; il y a lieu de se prémunir alors contre les effets rétractiles qui se manifestent dans ces fusées au moment de leur inflammation. Pour ce faire, on fixe les boîtes entre quatre piquets enfoncés dans le sol et on attache à deux autres piquets, disposés à une petite distance de ces boîtes, les extrémités du cordeau de transmission du feu, cordeau qui ne devra jamais être tendu.

La multiplication des boîtes d'inflammation introduites dans un dispositif de transmission du feu augmente les chances de raté; il faudra donc, dans l'étude de ces dispositifs, s'attacher à restreindre le nombre des boîtes autant que possible.

**140.** — Les dispositions que nécessite la préparation de l'inflammation simultanée de plusieurs fourneaux exigent un certain temps, et le cas est à prévoir où ces dispositions devraient être prises un peu à l'avance, de manière à laisser, jusqu'au moment même de la mise du feu, les ouvrages minés livrés à la circulation. Il faudra, dans ces conditions, loger, dans des rigoles de 15 à 20 centimètres de profondeur, toutes les parties des cordeaux porte-feu développées à l'extérieur des communications, en les faisant passer, quand il y aura lieu, sous les traverses des voies ferrées, et les recouvrir ensuite de terre en s'attachant à n'en laisser aucune partie apparente. Les boîtes d'inflammation, disposées comme il est expliqué au § 138, seront placées elles-mêmes dans des trous de 25 à 30 centimètres de profondeur recouverts par des planches. Enfin le cordeau Bickford, dont l'extrémité libre aura été lutée soigneusement, sera, comme les fusées instantanées, entièrement enterré.

Dès qu'on recevra l'ordre de faire sauter, on découvrira les boîtes d'inflammation; on dégagera l'extrémité du Bickford et on exécutera les opérations décrites (§ 136) pour la mise du feu.

**141.** — Les dispositions qui précèdent sont aussi applicables au cas où un groupe de fourneaux à enflammer simultanément se trouverait exposé à la chute des décombres projetés par un groupe voisin dont l'explosion précéderait la sienne. Il faudrait de plus alors garnir d'une épaisse enveloppe d'étoupe les fusées instantanées, dans toutes les parties reposant sur des pierres de taille, telles que celles par exemple qui forment l'encadrement des orifices des puits, et particulièrement aux points d'inflexion où le cordeau s'appuie sur un angle de ces pierres.

## II. — MISE DU FEU PAR L'INTERMÉDIAIRE DU CORDEAU BICKFORD AUX FOURNEAUX AMORCÉS AVEC LE SAUCISSON.

### I. — TRANSMISSION DU FEU A UN SEUL FOURNEAU.

**142.** — L'outillage nécessaire comprend : un morceau de cordeau de Bickford de longueur convenable ; — une paire de ciseaux ou un sécateur ; — une pelote de ficelle ; — une chevillette en bois.

Les opérations à exécuter sont les suivantes :

1. Attacher la chevillette à 6 ou 8 centimètres de l'extrémité de la fusée, et rafraîchir cette dernière par une section faite bien nettement et carrément ;

2. Ouvrir ou fendre au besoin l'extrémité libre du saucisson et y introduire l'extrémité de la fusée et la cheville ;

3. Lier solidement, mais sans trop serrer, la toile du saucisson autour du Bickford, et opérer pour tout le reste comme on le fait pour un fourneau amorcé avec la fusée instantanée.

### 2. — INFLAMMATION SIMULTANÉE DE PLUSIEURS FOURNEAUX.

**143.** — La vitesse de combustion du cordeau porte-feu permet d'admettre, pour l'amorçage de fourneaux à enflammer simultanément, des cordeaux dont les longueurs ne soient pas rigoureusement égales ; mais, s'il est fait usage du saucisson, il est nécessaire de compasser les feux ou, en d'autres termes, de combiner le système de transmission du feu de telle sorte que, du point de départ à chacun des fourneaux, les longueurs développées du saucisson soient identiques, en tenant compte de ce fait, que chaque coude équivaut à une augmentation de longueur de 8 centimètres. Les figures 54 et 55 montrent comment on peut opérer en diverses circonstances.

Il faut avoir soin de ménager une distance de 50 centi-

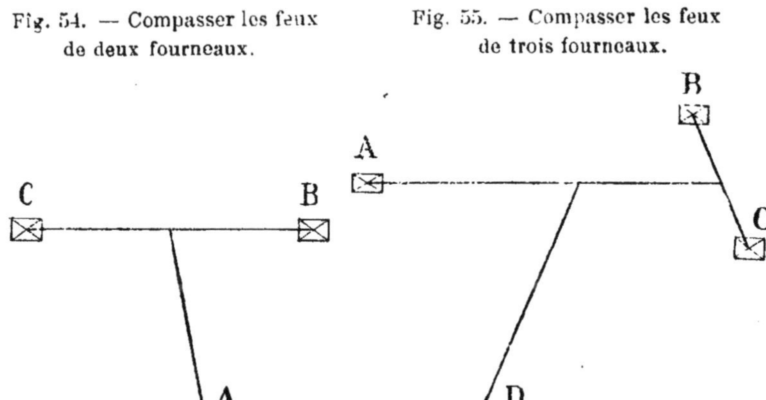


Fig. 54. — Compasser les feux de deux fourneaux.

Fig. 55. — Compasser les feux de trois fourneaux.

mètres au moins entre deux saucissons enfermés dans leurs augets, autrement ils pourraient s'enflammer réciproquement. Cette distance devrait être portée à 4 mètres dans le cas où les saucissons seraient à l'air, sans augets.

Il est bon que le compassement des feux soit, autant que possible, organisé en arrière des bourrages, dans les parties des communications des dispositifs restant accessibles après le chargement ; dans certains cas cependant, des embranchements de saucissons seront nécessaires dans les bourrages mêmes, et devront être préparés au moment de l'amorçage des fourneaux ; enfin il arrivera fréquemment qu'on sera obligé d'installer le compassement des feux à l'extérieur des dispositifs, d'où résultera presque toujours l'interdiction de la circulation sur les voies de communication minées et par suite la convenance de n'entreprendre qu'au dernier moment l'établissement de ce compassement.

## III. — MISE DU FEU AVEC LE MOINE AUX ARTIFICES A COMBUSTION RAPIDE.

**144.** — A défaut de cordeau Bickford on se sert habituellement du moine (§ 55) pour transmettre le feu aux artifices à combustion rapide.

L'opération de la mise du feu avec le moine s'exécute ainsi qu'il suit :

1. Disposer horizontalement sur le sol une planchette que l'on saupoudre de pulvérin ;
2. Amener sur le pulvérin l'extrémité de l'artifice à combustion rapide que l'on se propose d'enflammer ;
3. Passer le moine à travers une feuille de papier percée d'un trou un peu moins grand que la base du cône et le

Fig. 56. — Installation du moine.

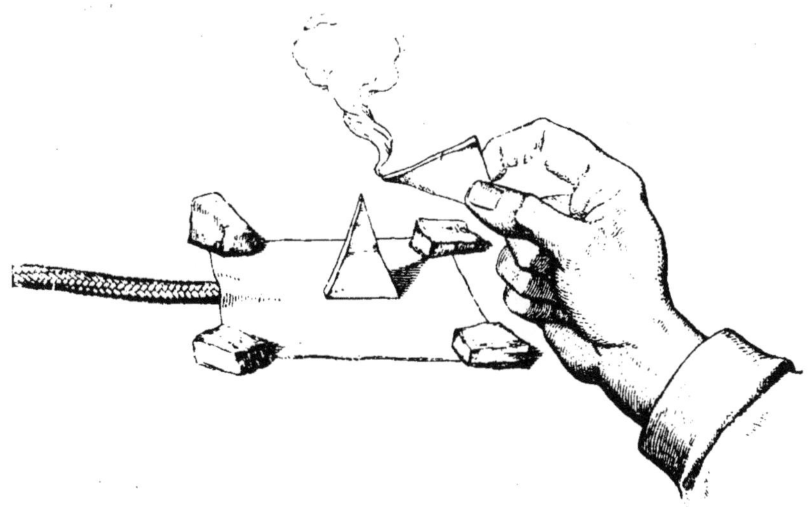

placer verticalement sur la planchette, la pointe en l'air et la base plongeant dans le pulvérin que le papier doit recouvrir entièrement (fig. 56).

4. Assujettir la feuille de papier avec des pierres ou avec un peu de terre sèche ;

5. Allumer le témoin par la pointe et avec celui-ci allumer l'extrémité du moine ; puis aussitôt qu'on a constaté, par la fumée qui s'en échappe, que le feu a été transmis à ce dernier, s'éloigner en emportant le témoin, qui, par sa combustion, indiquera, d'une manière approximative, le moment où le moine devra enflammer le pulvérin.

**145.** — La mise en œuvre des autres artifices à combustion lente, mentionnés au § 57, s'opère par des procédés analogues à ceux indiqués pour le moine et le cordeau Bickford.

## IV. — PRÉCAUTIONS A PRENDRE LORSQUE LES FOURNEAUX SONT CHARGÉS A LA DYNAMITE.

**146.** — Les dispositions à prendre pour la mise du feu sont les mêmes, quel que soit le mode de chargement des fourneaux. Lorsque ce chargement toutefois est fait avec la dynamite, le compassement des feux exige des soins minutieux et les fusées instantanées elles-mêmes, si elles sont employées à l'amorçage, doivent être exactement de même longueur pour tous les fourneaux à enflammer simultanément.

## V. — PRÉCAUTIONS A PRENDRE A LA SUITE DES RATÉS.

**147.** — Lorsque le feu n'a été donné qu'à un seul fourneau et qu'un raté s'est produit, il faut attendre 15 ou 20 minutes après le moment où l'explosion aurait dû se manifester, pour aller reconnaître les causes de l'accident. Dans le cas où ces causes ne pourraient être constatées immédiatement et où le cordeau Bickford présenterait à son extrémité des traces évidentes de combustion, il faudrait autant que possible n'entreprendre le débourrage qu'après un laps de temps de 10 à 12 heures. On devra, toujours et tout d'abord, avant de procéder à cette opération, couper d'un seul coup de ciseaux ou de sécateur la fusée instantanée à quelques décimètres de son point de réunion avec le Bickford. On empêchera ainsi la transmission du feu que pourraient provoquer quelques parcelles qui se seraient maintenues en ignition dans l'âme de ce dernier.

Si l'extrémité de la fusée instantanée elle-même avait pris feu, il faudrait, avant de débourrer, noyer cette fusée aussi complètement que possible par des aspersions abondantes que l'on s'efforcerait de faire pénétrer dans les augets.

Dans le cas où le feu a été donné à un dispositif composé de plusieurs fourneaux, on doit tout d'abord chercher à reconnaître, en se tenant aussi loin que possible, si toutes les explosions se sont produites, et quand des ratés sont constatés, ne s'approcher, à moins d'urgence, qu'après 2 ou 3 heures d'attente. On vérifie alors l'état des systèmes de transmission du feu, et, s'il faut procéder à un débourrage, on opère comme il est dit et avec les précautions indiquées ci-dessus.

## VI. — APPLICATIONS.

**148.** — Comme application des principes exposés, on a représenté (figure 57-58-59-60) l'organisation de divers systèmes de transmission du feu à adopter pour les dispositifs de mines réglementaires les plus répandus. Cette transmission est supposée faite dans tous les cas par la combinaison du cordeau Bickford avec la fusée instantanée.

**149.** — La fig. 57 représente un dispositif de l'instruction du 13 juillet 1857 organisé pour assurer la ruine de deux piles de pont successives, au moyen de deux fourneaux seulement.

L'inflammation simultanée de deux fourneaux étant supposée nécessaire, on obtiendra ce résultat en réunissant les deux fusées instantanées dans une même boîte d'inflammation C, qu'on a représentée comme étant installée sur un des accotements du pont.

Fig. 57. — Organisation de mise du feu pour l'inflammation simultanée de deux fourneaux.

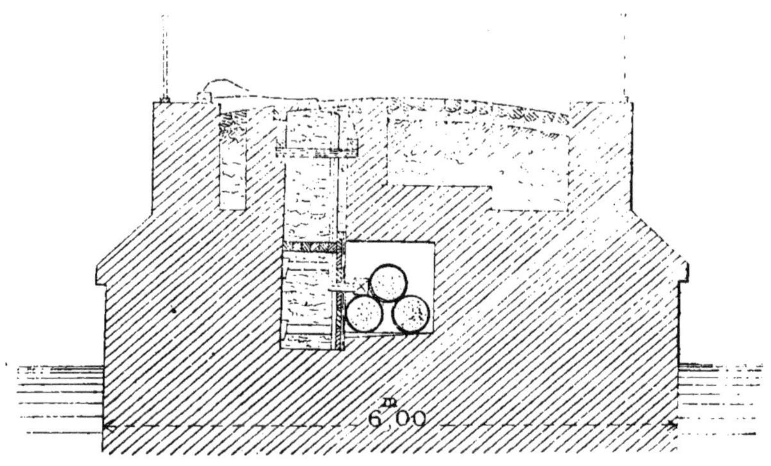


Coupe suivant A B du plan. — Ech. 1/100.

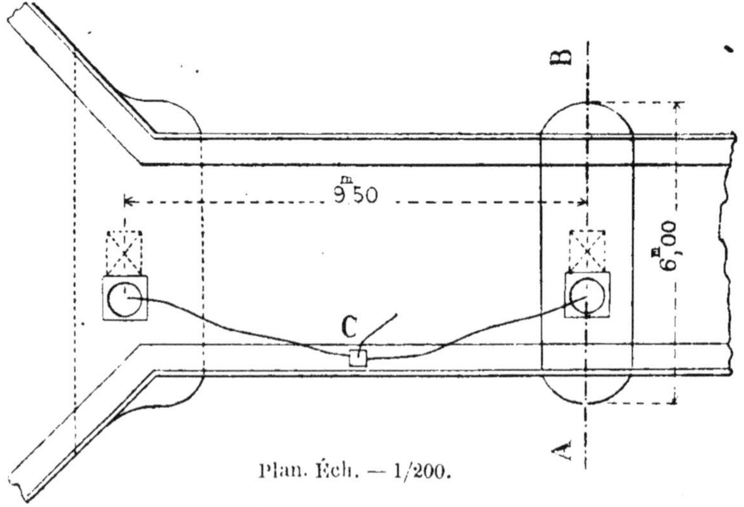


Plan. Éch. — 1/200.

**150**. — Les dispositifs nos 1 et 2 (fig. 58 et 58 *bis*), établis conformément aux prescriptions de la même instruction pour détruire comme le précédent deux piles de pont successives, comprennent 4 fourneaux répartis symétriquement dans ces

Fig. 58. — Mise du feu, avec une seule boîte d'inflammation, à un dispositif de 4 fourneaux.

Dispositif n° 1.

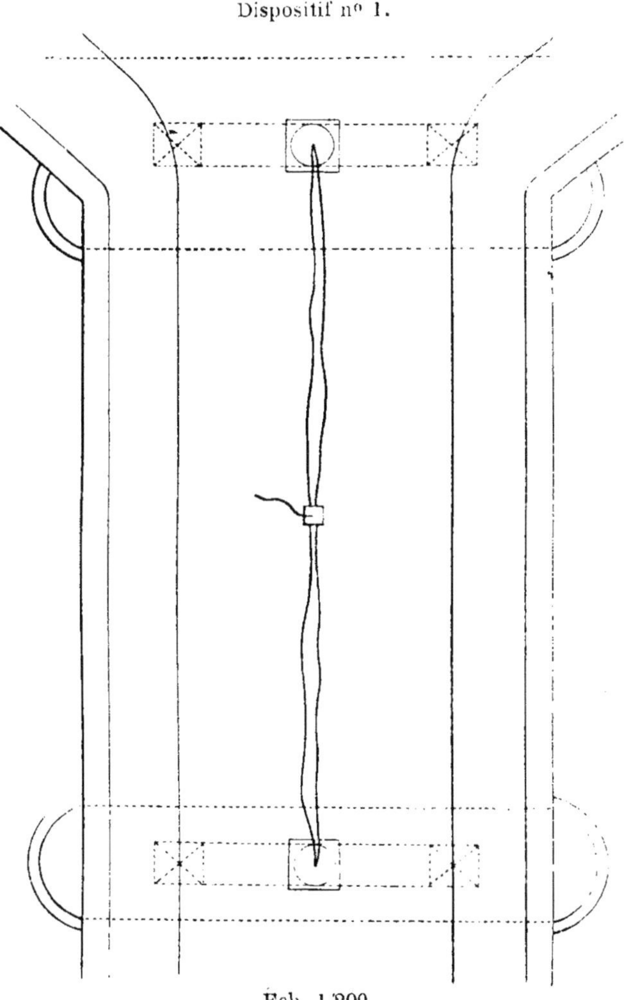

Ech. 1/200.

deux piles. Quand on dispose d'une quantité de cordeau suffisante, on ne peut faire mieux, pour bien assurer le résultat voulu, que de réunir encore dans une même boîte les 4 cordeaux auxquels on aura donné des longueurs à peu près égales.

Fig. 58 *bis*. — Mise du feu, avec une seule boîte d'inflammation, à un dispositif de 4 fourneaux.
Dispositif n° 2.

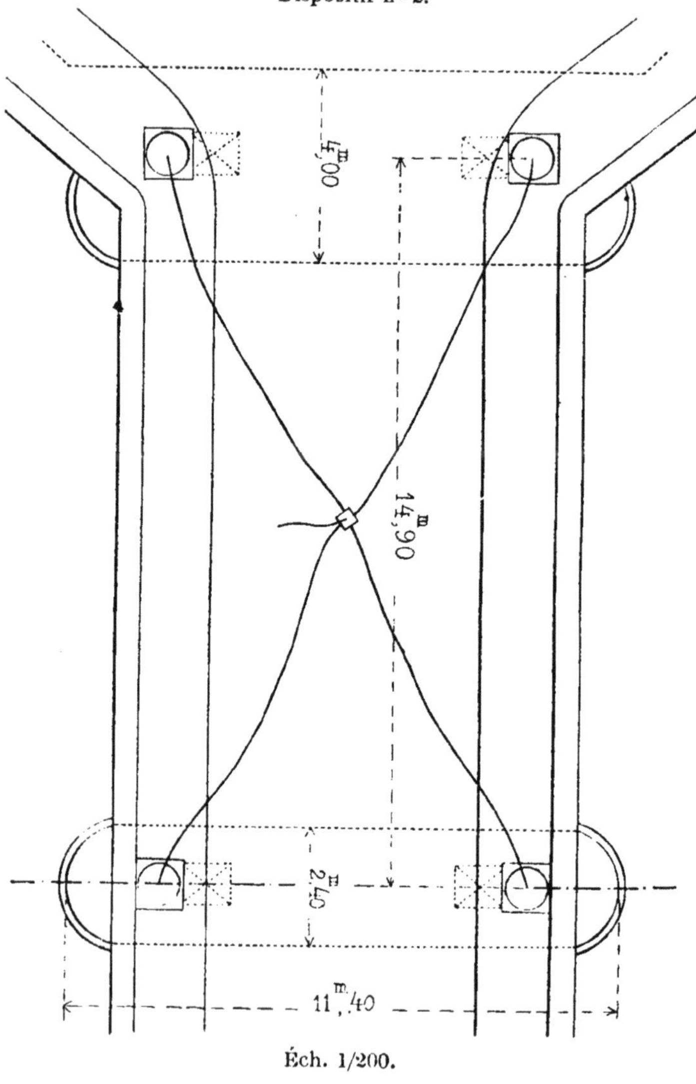


Éch. 1/200.

**151**. — Dans le cas où on est dans la nécessité d'économiser la fusée instantanée, on se sert de deux boîtes d'inflammation. A chacune d'elles on fait aboutir les cordeaux du groupe des fourneaux installés dans une même pile, et

Fig. 59. — Mise du feu, avec trois boîtes d'inflammation, à un dispositif de 4 fourneaux.

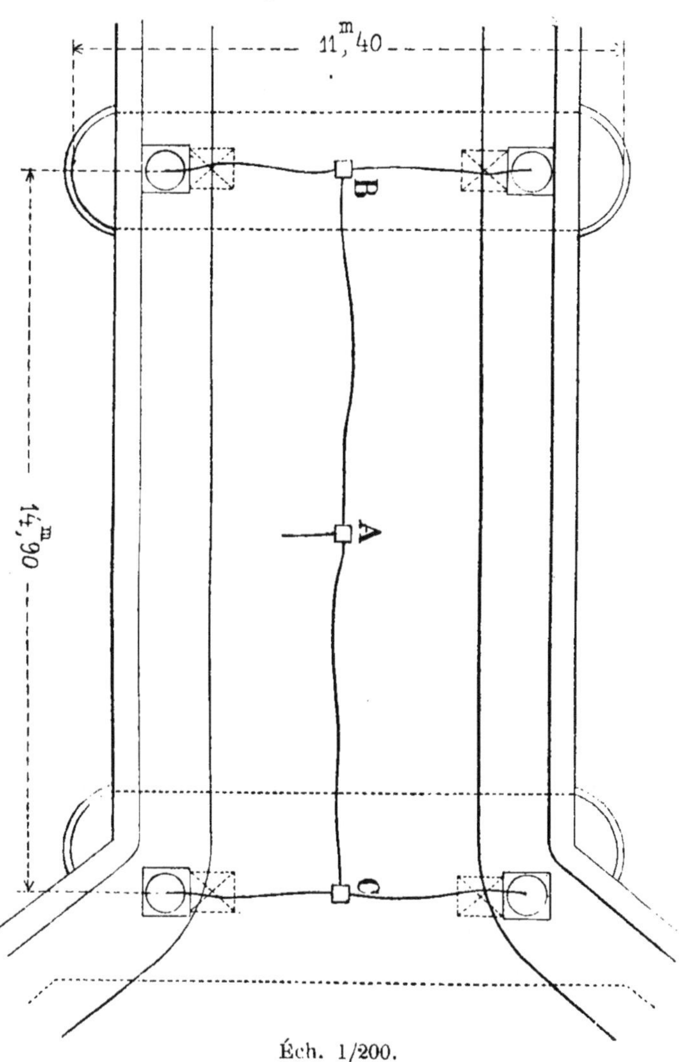


Éch. 1/200.

un autre cordeau réunissant ces deux boîtes établit entre elles la communication du feu qui est donné à la boîte la plus rapprochée de l'extrémité du pont par laquelle l'opérateur doit se retirer. La simultanéité absolue des explosions des deux groupes de fourneaux n'étant pas dans ce cas indispensable, il n'y a pas à se préoccuper de l'imperfection du compassement des feux entre ces deux groupes. Rien n'empêcherait du reste d'obtenir au besoin cette simultanéité en donnant le feu au point A milieu de BC (fig. 59), au moyen d'une troisième boîte d'inflammation qui serait munie du cordeau Bickford.

Il est évident que, dans ce cas, le cordeau BC serait remplacé par deux cordeaux BA et AC d'égales longueurs.

**152.** — Les systèmes de transmission du feu indiqués dans les deux paragraphes précédents sont évidemment applicables au cas où chaque pile de pont, au lieu de deux fourneaux, en contiendrait un plus grand nombre.

Il est à remarquer que le système du § 151, comparé à celui du § 150, ne présente d'avantage sur ce dernier qu'autant que les deux piles à détruire sont séparées par une assez grande distance, autrement l'économie du cordeau porte-feu que l'on a en vue est insignifiante.

**153.** — Les fourneaux disposés pour la destruction des tunnels, suivant les prescriptions de l'instruction du 30 novembre 1877 (fig. 60) constituent des groupes organisés de telle sorte qu'il est nécessaire de faire parvenir le feu au même instant à tous les fourneaux d'un même groupe. On obtiendra ce résultat en réunissant dans une même boîte d'inflammation les extrémités libres de toutes les fusées instantanées aboutissant à ces fourneaux, et en ayant en outre le soin de donner à ces fusées des longueurs à peu près égales. La figure 60 indique comme exemple les dispositions à adopter pour transmettre à la fois le feu aux 5 fourneaux du groupe représenté.

**154.** — Quand les groupes à enflammer sont à de grandes distances les uns des autres, comme il arrive par exemple lorsque quelques piles seulement sont minées dans un pont de grande longueur, ou que les culées seules sont munies de fourneaux, la manière d'opérer peut varier suivant les cas.

1° Si on dispose de tout le temps nécessaire, on déter-

Fig. 60. — Mise du feu à un dispositif de 5 fourneaux.

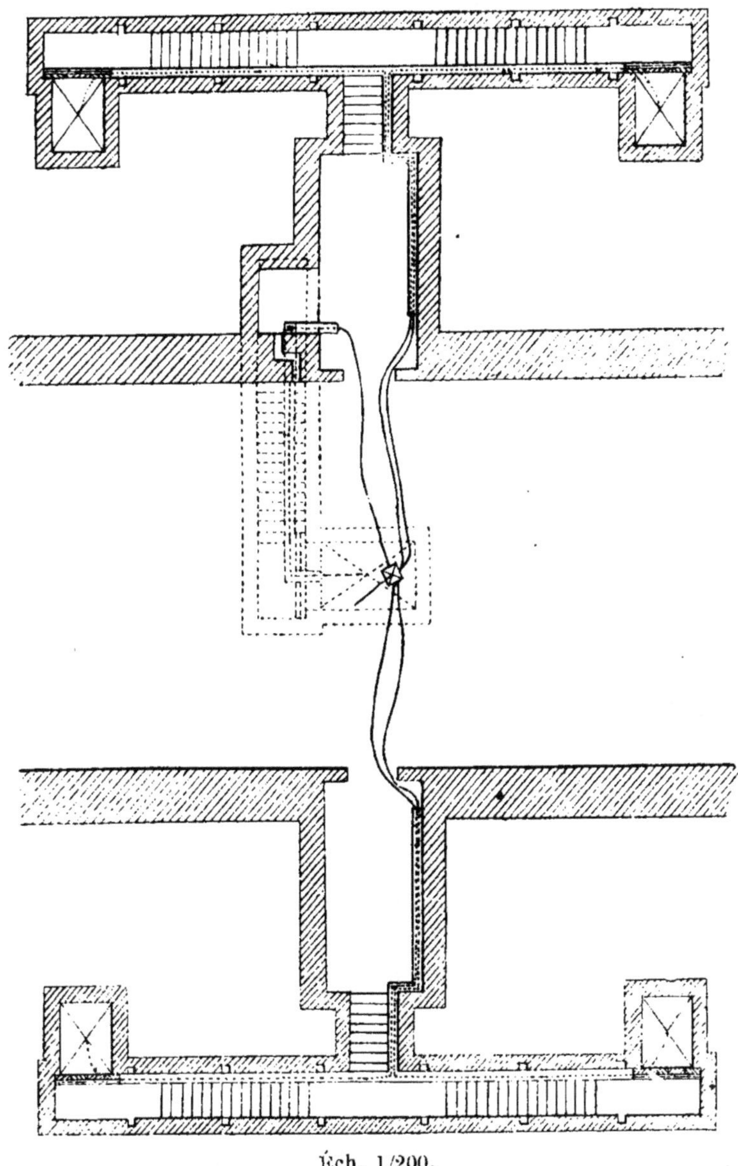

Éch. 1/200.

Voir fig. 67 la coupe du dispositif des fourneaux.

mine les explosions des groupes, successivement, en commençant par le plus éloigné par rapport à la direction de retraite, et n'organisant la mise du feu de chacun de ces groupes qu'après l'explosion du groupe précédent.

2° Si le temps presse, on organise la mise du feu dans tous les groupes simultanément, en se conformant aux prescriptions indiquées (§ 140). Lorsque tout est prêt pour l'inflammation, les travailleurs se retirent et le mineur (un sous-officier s'il est possible) chargé de cette dernière opération reste seul muni de son allumeur en tête de l'ouvrage à détruire. Les travailleurs une fois à l'abri, le sous-officier opère sa retraite à son tour en allumant successivement les cordeaux Bickford, qui dans ce cas devront tous être munis d'amorces Ruggieri (§ 137).

On peut au besoin, en calculant convenablement la longueur des fusées lentes, obtenir par ce procédé, pour les différents groupes, des explosions, sinon simultanées, du moins à intervalles de temps très rapprochés.

3° On peut encore faire mettre le feu à tous les groupes à la fois par autant d'opérateurs munis chacun d'un allumeur et agissant au commandement du sous-officier dirigeant l'opération. Celui-ci, placé en tête de l'ouvrage et portant également un allumeur, se retire le dernier, examinant successivement tous les Bickfords et mettant le feu à ceux qui auraient été abandonnés avec trop de précipitation sans avoir été enflammés. Si l'opération est bien conduite, et si les fusées lentes préparées pour recevoir le feu ont toutes exactement la même longueur, les explosions des différents groupes sont sensiblement simultanées.

Les mineurs chargés de la mise du feu doivent se tenir toujours sous le vent des boîtes d'inflammation, opérer avec calme, se retirer sans précipitation et ne prendre le pas de course qu'après avoir dépassé l'extrémité de l'ouvrage miné. Il est bon, pour leur donner de la confiance, de faire brûler sous leurs yeux, un peu avant l'opération, un morceau de fusée lente.

**155.** — Le procédé de mise du feu détaillé au 2° du paragraphe précédent est particulièrement applicable à l'inflammation des groupes successifs disposés le long d'un tunnel pour sa destruction, et aussi à celle des fourneaux préparés suivant les indications de l'instruction du 13 juillet 1857 pour intercepter les routes en corniche. Dans ce dernier dispositif les longueurs des fusées lentes adaptées à

Fig. 61. — Dispositifs pour la destruction des chaussées en corniche.

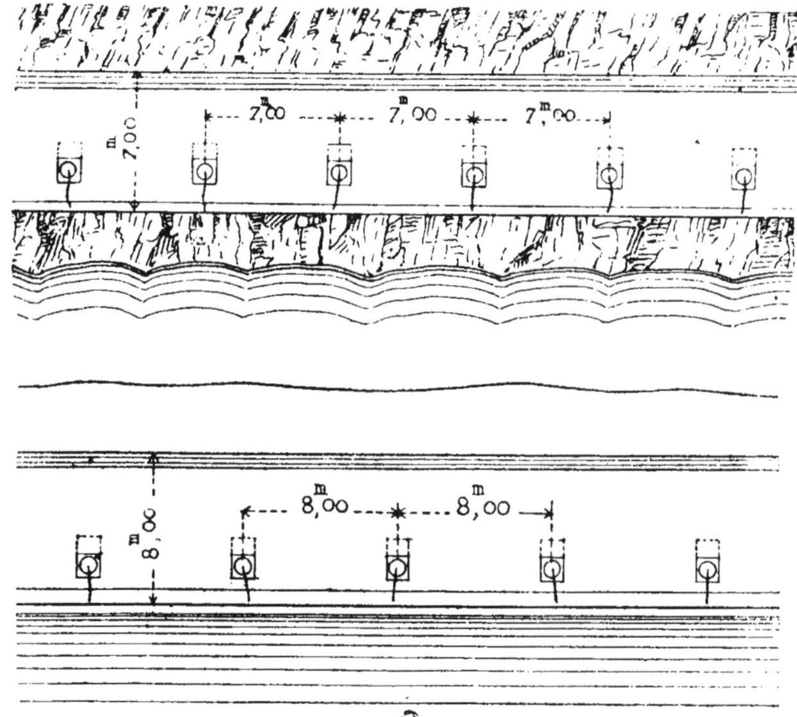


chaque fourneau doivent être nécessairement graduées, de manière à obtenir des explosions à intervalles de temps aussi rapprochés que possible. Dans les dispositifs organisés comme ceux représentés (fig. 61), il conviendrait d'adopter entre deux cordeaux successifs une différence de longueur de 10 à 12 centimètres. Quant à ce qui est de la longueur totale de ces cordeaux, elle varie nécessairement suivant les cas, et doit être déterminée par la condition de laisser toujours au mineur chargé de la mise du feu tout le temps nécessaire pour opérer tranquillement sa retraite.

**156.** — On a admis, dans les divers systèmes de transmission du feu appliqués aux dispositifs réglementaires, que la réunion des fusées instantanées à enflammer en même temps se faisait toujours au moyen de boîtes d'inflammation, mais cette réunion pourrait se faire également au moyen d'épissures si l'on avait intérêt à se servir de ce procédé. On rappellera seulement au sujet de son emploi les observations des §§ 79 et 138.

## II. — PROCÉDÉS ÉLECTRIQUES.

### I. — MISE DU FEU AVEC LA PILE DES PARCS.

**157.** — Lorsque le feu doit être transmis aux fourneaux par les procédés électriques, il faut, autant que possible, avoir en magasin le système de mise du feu préparé à

Fig. 62. — Bobines pour le transport des conducteurs.

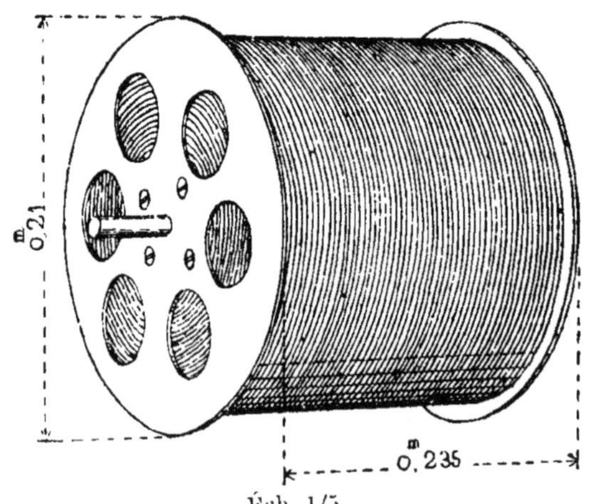


Éch. 1/5.

l'avance, de telle sorte que pour sa mise en œuvre, on n'ait qu'à en installer sur place les divers éléments.

Le système en question comprend, d'une part les amorces

et les conducteurs secondaires qui sont mis en place au moment de l'amorçage du fourneau ; de l'autre les conducteurs maîtres accompagnés s'il y a lieu de leurs supports (§ 159) ; la pile et ses accessoires. A ce matériel il convient d'ajouter l'outillage indiqué § 88 pour la confection

Fig. 63. — Câble et trousse portés sur un crochet.

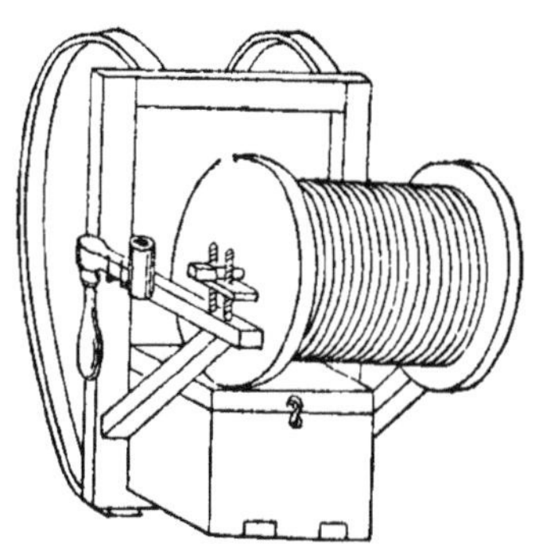

Éch. 1/15,

des ligatures, et des outils de terrassier (pelles et pioches) en quantité suffisante pour l'exécution des rigoles, tranchées ou abris qu'on aurait à établir.

Il est entendu que les conducteurs maîtres, aussi bien que les conducteurs secondaires, sont préparés avec les longueurs voulues pour assurer le succès de l'opération.

Il est bon, pour faciliter le transport et la mise en place des conducteurs, de tenir ceux-ci enroulés sur des bobines semblables à celles représentées fig. 62. L'emploi d'un crochet (fig. 63), pour porter ces bobines à dos d'homme, crochet sur lequel se place également la trousse contenant l'outillage nécessaire, est également à recommander.

### I. — TRANSMISSION DU FEU A UN SEUL FOURNEAU.

**158.** — Le fourneau étant supposé amorcé et bourré, les opérations à exécuter pour obtenir l'explosion comprennent :

1° la pose des conducteurs maîtres; 2° la réunion des conducteurs secondaires aux conducteurs maîtres; 3° le chargement et la préparation de la pile; 4° la mise du feu.

**159. — Pose des conducteurs maîtres.** — Deux conducteurs maîtres, ayant sensiblement la même longueur, doivent être disposés parallèlement sur tout le parcours qui sépare l'orifice du dispositif de mines du point où se fera la manœuvre de la pile pour la mise du feu.

Il y a lieu dans l'opération de la pose, de distinguer le cas où ces conducteurs sont recouverts d'une enveloppe isolante, comme les fils caoutchoutés des parcs du génie (§ 87), et celui où ils sont nus.

1° Quand les conducteurs sont recouverts d'une enveloppe isolante, on peut, à volonté, les développer sur le sol, ou les enterrer dans une rigole de 15 à 20 centimètres de profondeur, en laissant émerger leurs extrémités sur une longueur suffisante pour la facilité des manœuvres qui seront exposées ci-après. Il est aussi quelquefois commode, lorsqu'on opère dans un tunnel, de les suspendre aux parois de la galerie au moyen de petits crampons en forme de *v* enfoncés dans les joints de la maçonnerie.

2° Si les conducteurs sont nus et le terrain bien sec, il n'y a nul inconvénient à laisser reposer ces conducteurs sur le sol; mais si celui-ci est humide, il convient d'isoler les fils métalliques en les suspendant à des piquets, à des poteaux télégraphiques, ou, le cas échéant, aux parois des galeries souterraines au moyen d'anneaux en ficelle, de crampons, ou au besoin de supports spéciaux. Les deux conducteurs, dans tous les cas, ne doivent avoir entre eux aucun point de contact, et il est bon qu'ils soient séparés par un intervalle de 30 à 40 centimètres au moins.

L'isolement des fils est surtout nécessaire lorsque les conducteurs sont formés par des fils de fer et qu'ils ont une grande longueur.

Il est presque toujours possible de disposer à l'avance les conducteurs maîtres sans gêner la circulation sur les communications minées, et il y aura souvent avantage à les installer immédiatement après le chargement du fourneau.

**160. — Réunion des conducteurs secondaires aux conducteurs maîtres.** — Cette réunion s'opère généralement au moment où on se dispose à donner le feu. On procède ainsi qu'il suit :

1° Développer les extrémités des conducteurs secondaires émergeant du bourrage ;

2° Dans le cas où les deux conducteurs secondaires seraient réunis en un câble, séparer ces deux conducteurs, par la suppression de l'enveloppe extérieure, sur une longueur convenable ;

3° Relier l'un des conducteurs secondaires à l'un des conducteurs maîtres par une bonne ligature pratiquée près de l'extrémité de ce dernier (§§ 88 à 94), et relier de même le deuxième conducteur secondaire au deuxième conducteur maître.

Quand les ligatures ne sont exécutées qu'au moment où l'on se prépare à produire l'explosion, il n'est pas nécessaire de les assurer par une soudure, mais les parties métalliques en contact doivent toujours être décapées soigneusement avec du papier de verre.

**161. — Chargement de la pile.** — Pour charger et préparer la pile :

1° Disposer sur une planche horizontale bien calée le vase récipient et le plongeur (§ 83, fig. 27) ;

2° Verser de l'eau dans le vase jusqu'au tiers environ de sa hauteur et y plonger le cylindre jusqu'au fond, de manière à faire sortir l'eau en excédent ;

3° Retirer le cylindre et verser dans le liquide restant une mesure de sel jaune (chlorochromate de potasse) et une mesure de sel blanc (bisulfate de potasse), agiter avec un morceau de bois pour activer la dissolution ;

4° Plonger la pile dans le liquide excitateur, l'y laisser séjourner quelques secondes et la retirer ensuite.

**162. — Mise du feu.** — 1° Les extrémités libres des conducteurs maîtres ayant été dénudées s'il est nécessaire, et les parties métalliques de ces conducteurs et de la pile à mettre en contact ayant été décapées avec soin, fixer par les vis de pression l'extrémité du premier conducteur à l'une des bornes, et l'extrémité du second à l'autre borne ;

2° Au commandement du feu, enfoncer vivement, mais sans secousse, le plongeur dans le liquide et appuyer sur le fond du vase :

3° Retirer le plongeur aussitôt après l'explosion, en bien laver toutes les parties (cylindre et vase récipient), puis les faire sécher à l'ombre.

### 2. — INFLAMMATION SIMULTANÉE DE PLUSIEURS FOURNEAUX.

**163.** — Lorsque plusieurs fourneaux doivent être enflammés simultanément, les conducteurs secondaires de ces fourneaux sont constitués par des fils métalliques ayant tous une même longueur, identiques dans toutes leurs parties et recouverts autant que possible d'une enveloppe isolante. Les dispositions à prendre pour préparer la mise du feu consistent à relier par des ligatures (§§ 88 à 94) l'un des conducteurs secondaires de chaque fourneau à l'un des conducteurs maîtres, et à relier ensuite l'autre conducteur secondaire de ces mêmes fourneaux au second conducteur maître.

Il faut avoir soin de faire en sorte que toutes les ligatures formées sur un même conducteur maître soient juxtaposées et rapprochées de la pile autant que le permet le développement des conducteurs secondaires du fourneau le plus éloigné ; il faut veiller en outre à ce qu'il n'y ait, en dehors des ligatures, aucun contact métallique entre les divers conducteurs, non plus qu'entre les parties d'un même conducteur replié sur lui-même.

L'enveloppe isolante recouvrant les fils sera du reste le meilleur préservatif contre ces contacts.

Le chargement de la pile s'opère suivant les prescriptions du § 161, mais il convient de doubler les doses de chacun des sels versés dans le liquide, et il est bon, en outre, avant de plonger la pile pour la décaper, de réunir ses deux bornes polaires par un fil de cuivre et de la laisser séjourner ensuite pendant une à deux minutes dans le liquide excitateur. Cette précaution, du reste, souvent avantageuse, n'est nuisible dans aucun cas. Le plongeur ayant été retiré, on le laisse égoutter, on enlève le fil réunissant les bornes et on procède à la mise du feu en opérant de la même manière que pour enflammer un seul fourneau (§ 162).

**164.** — Dans les cas où, les ouvrages minés restant livrés à la circulation, on doit néanmoins se tenir prêt à les faire sauter au premier ordre, on enterre dans de petites tranchées passant, le cas échéant, sous les rails et les traverses des voies ferrées, les conducteurs secondaires reliés aux conducteurs maîtres. Si les ligatures doivent être elles-mêmes recouvertes de terre, on les protège par une enveloppe isolante (§ 94) et si l'on prévoit enfin que le système doive rester longtemps ainsi préparé, avant que l'ordre de mise du feu ne soit donné, on assure ces ligatures par une soudure (§ 95).

## 2. — DÉTERMINATION DES DISTANCES AUXQUELLES LE FEU PEUT ÊTRE COMMUNIQUÉ AUX FOURNEAUX.

**165.** — La limite des distances auxquelles le feu peut être communiqué à un groupe de fourneaux dépend de la puissance de la pile, de la nature des conducteurs et du nombre des fourneaux à enflammer simultanément.

Quand il faut provoquer, à une distance un peu considérable, plus de deux ou trois explosions à la fois, un dispositif de transmission du feu, actionné par la pile décrite au § 83, et dans lequel les conducteurs maîtres sont formés avec le fil caoutchouté et les conducteurs secondaires avec le câble des parcs, est presque toujours insuffisant. Pour assurer dans ce cas le succès de l'opération, il est nécessaire d'augmenter l'énergie du courant électrique soit en renforçant la puissance de la source qui le produit, soit en modifiant convenablement les conducteurs, soit enfin en combinant ces deux moyens d'action.

**166.** — On renforce la source d'électricité en employant deux piles au lieu d'une. Pour ce faire, il faut fixer solidement les deux plongeurs par leurs anneaux de manœuvre à une traverse en bois, en les disposant de telle sorte que la borne polaire marquée dans l'un du signe + se trouve en regard de la borne portant le signe — dans l'autre. On réunit ces deux bornes par un fil de cuivre et aux deux bornes libres sont fixés les deux conducteurs maîtres. On donne le feu en plongeant simultanément dans le liquide excitateur, préparé dans les deux vases récipients, les deux plongeurs rendus solidaires par la traverse qui les relie.

On peut encore ajouter à la puissance de la pile en remplaçant, dans le liquide excitateur, le sel blanc par de l'acide sulfurique à la dose de 1/10 environ du volume de ce liquide.

**167.** — Parmi les conducteurs susceptibles de remplacer avantageusement le fil caoutchouté des parcs, ceux qu'on trouve le plus facilement à sa disposition sont ou des fils de cuivre rouge du commerce, ou, à défaut de ceux-ci, des fils télégraphiques.

Le tableau ci-après donne, pour quelques-uns de ces conducteurs, les distances limites correspondant au nombre des fourneaux à enflammer simultanément avec la pile simple ou double (§ 166). Ces distances sont calculées pour le cas où les conducteurs secondaires seraient formés par des câbles des parcs n'ayant pas plus de 50 mètres de longueur chacun, longueur qu'on sera bien rarement obligé de dépasser dans la pratique.

LIMITES DES DISTANCES AUXQUELLES LE FEU PEUT ÊTRE TRANSMIS SIMULTANÉMENT A UN NOMBRE DÉTERMINÉ DE FOURNEAUX AVEC LA PILE DES PARCS ET DES CONDUCTEURS MAÎTRES DE NATURES DIVERSES, LES CONDUCTEURS SECONDAIRES ÉTANT CONSTITUÉS PAR DES CABLES DES PARCS DONT LA LONGUEUR POUR CHAQUE FOURNEAU N'EXCÈDE PAS 50 MÈTRES.

| NOMBRE des fourneaux. | DISTANCES LIMITES MESURÉES DE LA PILE AU POINT D'ATTACHE DES CONDUCTEURS SECONDAIRES | | | | | |
|---|---|---|---|---|---|---|
| | avec le fil caoutchouté des parcs et la pile | | avec un fil télégraphiq. de 4mm de diamètre et la pile. | | avec un fil de cuivre de 3mm de diamètre et la pile. | |
| | simple. | double. | simple. | double. | simple. | double. |
| 1 | 2 | 3 | 4 | 5 | 6 | 7 |
| 1 | 940 | 2090 | 1880 | 4180 | 4230 | 9400 |
| 2 | 395 | 909 | 795 | 1800 | 1790 | 1050 |
| 3 | 235 | 510 | 475 | 1080 | 1060 | 2440 |
| 4 | 155 | 365 | 320 | 735 | 745 | 1650 |
| 5 | 110 | 265 | 220 | 535 | 510 | 1210 |
| 6 | 80 | 200 | 165 | 405 | 375 | 910 |
| 7 | 60 | 150 | 125 | 305 | 280 | 690 |
| 8 | 45 | 120 | 90 | 240 | 205 | 540 |

*Nota.* — Les indications des colonnes 4 et 5 sont également applicables à des conducteurs maîtres formés par des fils de cuivre rouge du commerce, de 2 millimètres de diamètre.

**168.** — L'inflammation de plusieurs fourneaux par les procédés électriques est toujours une opération délicate qui demande à être préparée avec des soins minutieux, et, malgré les indications de la théorie, il est prudent, pour s'éviter des mécomptes, de ne pas s'attacher à provoquer simultanément les explosions de plus de cinq ou six fourneaux.

**169.** — Quand, à la suite d'un essai de transmission du feu, un raté s'est produit, on peut sans danger s'approcher des fourneaux aussitôt que le plongeur a été retiré du liquide excitateur, et procéder immédiatement à la recherche des causes qui ont occasionné l'accident. En s'aidant au besoin du galvanomètre et procédant suivant les indications données au § 109, on reconnaîtra rapidement si, pour remettre les choses en état, le débourrage du fourneau est nécessaire.

## II. — APPLICATIONS.

**170.** — Dans les applications du système de transmission du feu par l'électricité on ne peut jamais être assuré d'obtenir la simultanéité absolue des explosions des fourneaux appartenant à un même groupe. Il convient en conséquence, autant que faire se peut, de disposer les conducteurs de telle sorte que le système de transmission du feu à un fourneau ne se trouve pas, avant l'inflammation de ce dernier, supprimé par l'explosion d'un fourneau voisin.

Fig. 64. — Organisation de mise du feu à 3 fourneaux établis dans une même pile.

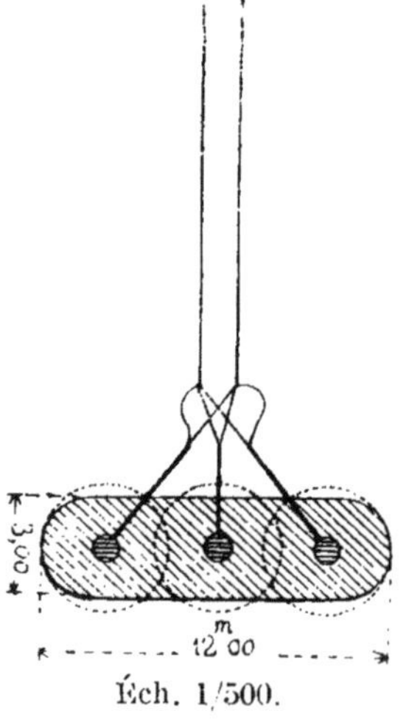

Éch. 1/500.

Lorsqu'il faudra détruire plusieurs piles successives d'un même pont, on ne pourra guère satisfaire à la condition précitée qu'en s'astreignant à faire sauter ces piles successivement, et en ne faisant entrer dans chaque groupe de fourneaux à enflammer au même instant, que les seuls fourneaux installés dans une même pile. En outre, on devra avoir soin de donner aux conducteurs secondaires des longueurs assez grandes pour que le point de réunion avec les conducteurs maîtres puisse être établi à six ou huit mètres au moins en arrière de la pile à ruiner comme il est indiqué fig. 64.

Dans le cas où les explosions de chaque groupe doivent être produites à des intervalles de temps très rapprochés,

Fig. 65. — Dispositif pour transmettre le feu à plusieurs groupes de fourneaux successivement.

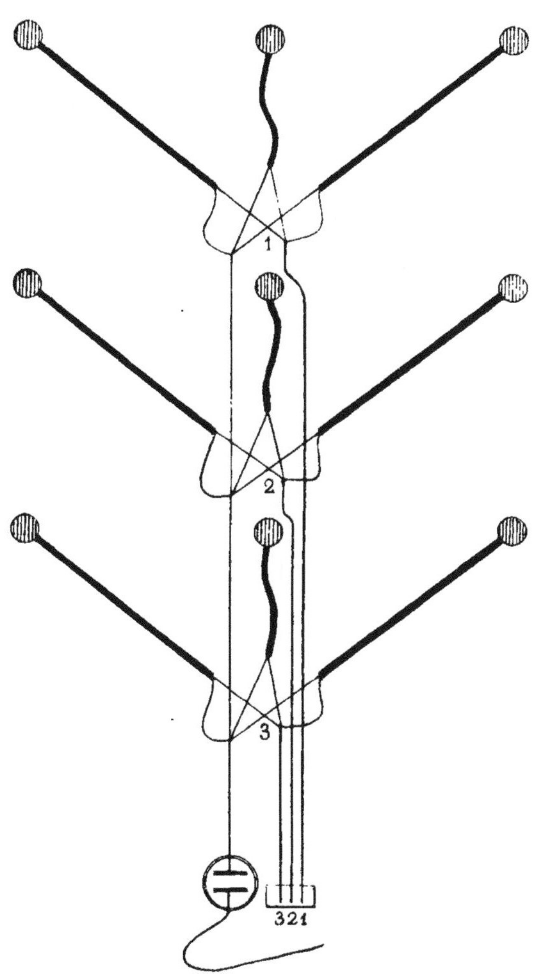


le système de transmission du feu à chacun d'eux est organisé à l'avance, et l'on peut, dans cette organisation, économiser les fils métalliques, en adoptant pour tous les groupes un conducteur maître commun fixé de distance en distance à de solides piquets, chacun de ces groupes ayant d'ailleurs un deuxième conducteur qui lui est spécial (fig. 65).

Fig. 66. — Organisation de mise du feu pour l'inflammation simultanée de 4 fourneaux répartis dans deux piles

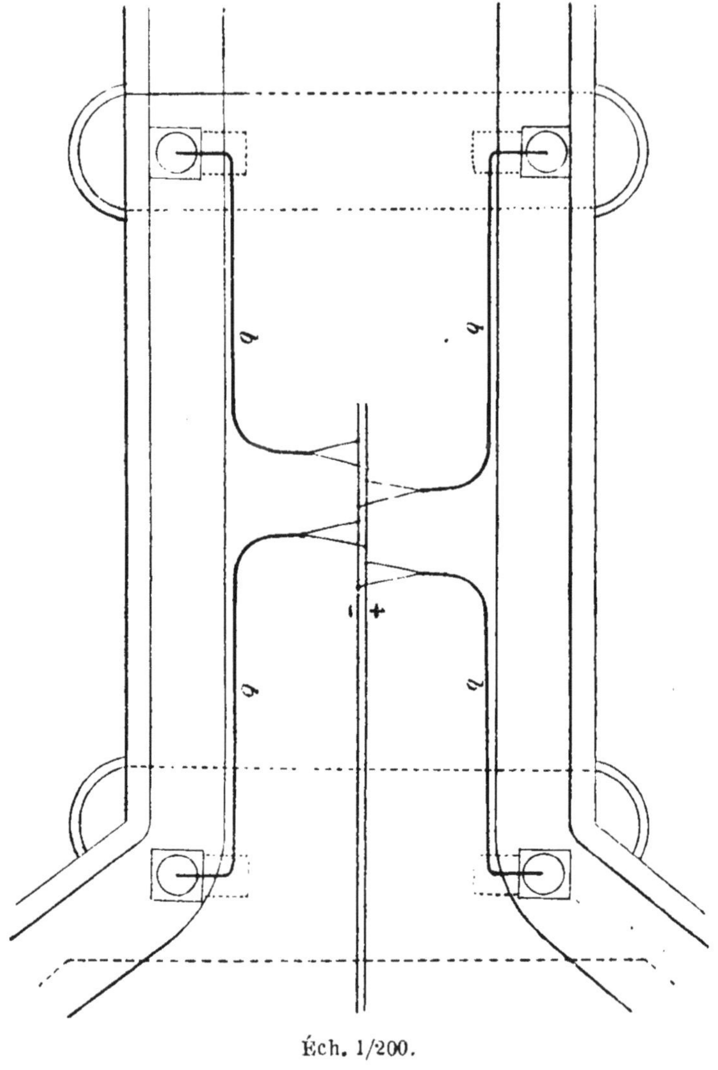


Éch. 1/200.

Le conducteur commun étant relié à l'une des bornes polaires de la pile, on détermine les explosions en mettant successivement en communication avec la seconde borne les extrémités des conducteurs spéciaux à chacun des groupes. On facilite l'opération en fixant ces extrémités sur une petite planchette à proximité de la pile et en établissant les contacts par l'intermédiaire d'un bout de conducteur fixé au pôle opposé à celui auquel aboutit le conducteur commun.

**171.** — Dans le cas où il serait absolument nécessaire de ruiner simultanément deux piles consécutives, on pourrait organiser le système de transmission du feu comme l'indique la fig. 66, mais il conviendra alors de renforcer le courant le plus possible, en opérant à des distances moindres que les distances limites données par le tableau du paragraphe 167.

**172.** — La fig. 67 représente les dispositions à adopter pour l'installation du système de transmission du feu au groupe de cinq fourneaux organisé suivant les indications de la circulaire ministérielle du 30 novembre 1877. Il est à remarquer dans cette installation que le câble des conducteurs secondaires du fourneau placé au-dessus de la voûte ne peut avoir moins de 23 mètres de longueur, et qu'en conséquence tous les autres fourneaux du groupe ne peuvent être pourvus de câbles d'une longueur moindre. Si l'on a à sa disposition des câbles plus longs, on en profitera pour reculer vers la pile le point de réunion avec les conducteurs maîtres, de manière à le soustraire autant que possible aux actions initiales de l'explosion.

Il est à remarquer du reste que, dans l'organisation des explosions simultanées, il y a, d'une manière générale, presque toujours avantage à rapprocher de la source d'électricité les ligatures qui relient les conducteurs secondaires aux conducteurs maîtres.

On devra donc, toutes les fois qu'il n'en résultera pas trop de complication dans l'installation du dispositif de transmission du feu, donner aux premiers de ces conducteurs une longueur aussi grande que le permettra le matériel qu'on aura à sa disposition.

Fig. 67. — Organisation de mise du feu à un dispositif de 5 fourneaux établis pour la démolition d'un tunnel.

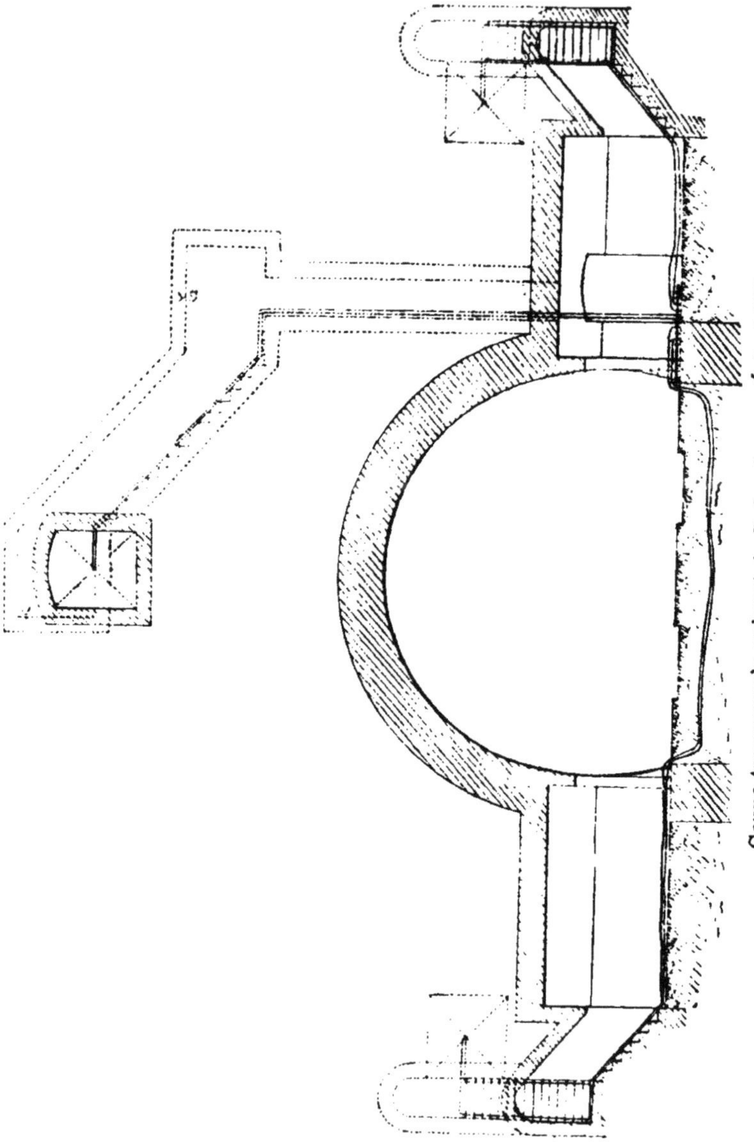

Coupe transversale suivant A, B du plan. — Éch. 1/200.

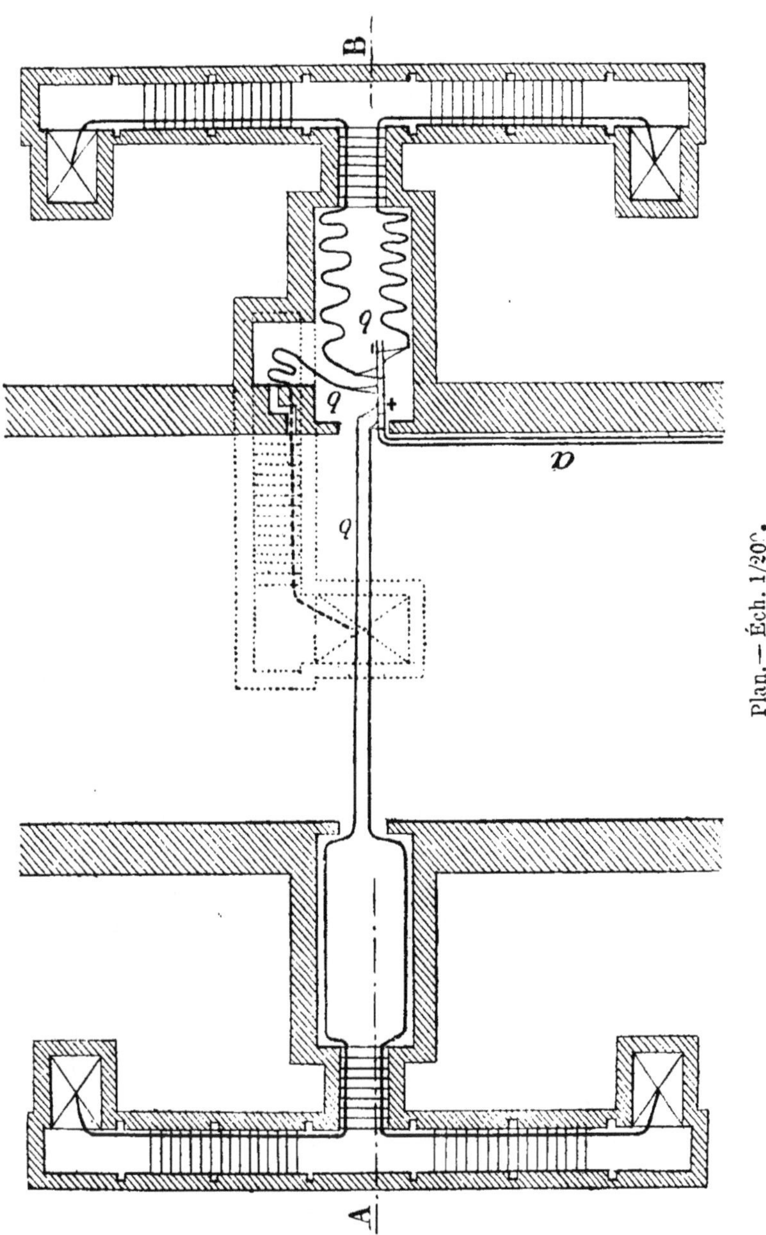


Plan. — Éch. 1/200.

## IV. — ABRIS POUR LA MISE DU FEU.

**173.** — Lorsqu'on emploie pour l'inflammation des fourneaux les procédés pyrotechniques, on est toujours maître de se ménager, entre l'instant de la mise du feu et celui de l'explosion, un temps suffisant pour permettre à l'opérateur de se porter à une distance telle qu'il n'ait rien à redouter des effets de projection; il n'en est pas de même lorsque le feu est communiqué par l'électricité; dans ce cas, la distance qui sépare la pile du fourneau est forcément limitée (§ 167) et il arrivera fréquemment qu'on sera dans la nécessité de protéger par un abri les appareils générateurs de l'électricité, ainsi que le mineur chargé de les faire fonctionner. Cet abri, pour que le succès de l'opération soit mieux assuré, devra alors être rapproché des fourneaux, autant que le permettront et la prudence et les conditions diverses auxquelles, suivant les circonstances, on sera tenu de satisfaire.

Quand on opérera dans une forteresse, les souterrains, les traverses creuses, les blindages offriront des emplacements où la sécurité sera complète. En rase campagne, un trou creusé dans le sol ou dans un talus à une centaine de mètres des fourneaux à enflammer et recouvert de fagots, de fascines ou de pièces de bois, sur lesquels on établira une couche de terre suffisamment épaisse, procurera avec peu de travail un logement convenablement garanti. On aura soin d'en placer l'ouverture du côté opposé à celui faisant face aux explosions.

Les caves voûtées d'une maison d'habitation présenteraient aussi, le cas échéant, des abris favorables, mais ni la toiture ni les planchers de cette maison ne devraient être considérés comme assurant une protection suffisante.

**174.** — La mise du feu aux dispositifs organisés dans l'intérieur des tunnels s'opère en dehors du souterrain, près de l'ouverture tournée du côté de la retraite, et quelle que soit la distance, dût-on, si cette distance est trop considérable, recourir à l'emploi de piles spéciales plus puissantes que les piles des parcs.

Ce ne serait qu'en cas d'absolue nécessité qu'on se rapprocherait des fourneaux, en pénétrant dans le souterrain et en s'établissant dans l'une des retraites habituellement ménagées dans ses flancs, ou, à défaut d'un refuge de cette nature, dans un abri organisé contre l'une de ses parois. L'opérateur, aussitôt l'explosion produite, devra se hâter de sortir du tunnel, pour ne pas se laisser surprendre par les gaz délétères qui ne tarderont pas à s'y répandre.

En raison de la présence de ces mêmes gaz, on ne devra, pour quelque cause que ce soit, rentrer dans le tunnel obstrué qu'après un temps assez long, et en s'y faisant précéder d'une lumière portée au bout d'une tringle, lumière dont l'extinction spontanée annoncera la nécessité de se reporter en arrière.

## NOMENCLATURE

### DES OUTILS, ENGINS ET MATÉRIAUX

*Dont il est fait usage pour la mise en œuvre des dispositifs de mine permanents*[1].

#### RÉCIPIENTS CONTENANT LES POUDRES.

Baril du service de l'artillerie.
Caisse à poudre du service de l'artillerie.
Baril à poudre en zinc.
Bouteille à poudre en tôle.
Boîte d'amorce.
Caisses à dynamite.

1. La plupart de ces objets peuvent être fournis par le service des parcs, sur la demande des chefs de génie.

### MATÉRIEL POUR LE TRANSPORT DES POUDRES.

| | | |
|---|---|---|
| Civière en toile. | | |
| Cordes pour la circul. des poudres dans les puits et les rameaux. | | |
| Cordelettes | id. | id. |
| Système de sangles | id. | id. |
| Traîneau | id. | id. |
| Moufles | id. | id. |
| Poulies | id. | id. |
| Planches et madriers | id. | id. |

### OUTILS POUR L'OUVERTURE ET LA FERMETURE DES RÉCIPIENTS CONTENANT LES POUDRES.

Maillet *en bois*.
Chassoir de tonnelier.
Marteau *en bronze*.
Ciseau *en bronze*.
Tourne-vis *en fil de laiton écroui*.
Lame de tourne-vis *en laiton* adaptée à un villebrequin.
Tire-fond *en cuivre*.
Repoussoir *en bronze*.
Clef *en bronze*.
Main *en cuivre*.
Entonnoir *en cuivre ou en zinc*.
Pointes *en cuivre* de 20 à $25^{mm}$.

### OUTILS ET MATÉRIAUX POUR LE BOURRAGE ET POUR L'ÉTABLISSEMENT DES MASQUES.

Pelle.
Pioche.
Pelle à manche court.
Brouette.
Panier.
Dame ronde.
Rondin.
Sac à terre.

Brique crue.
Gazons.
Marteau.
Ciseau.
Hache à main.
Scie ordinaire.
Scie égohine.
Pointes de Paris.
Poutrelle.
Plateau en planches ou en madriers recroisés.
Poutrelles ou rondins, pour arcs-boutants, étrésillons, etc.
Coins.

### OUTILS ET ENGINS POUR L'AMORÇAGE ET POUR LA MISE DU FEU.

Fusée lente dite cordeau Bickford ordinaire.
Fusée lente imperméable.
Amorce Ruggieri.
Moine.
Porte-feu Bickford.
Artifices divers à combustion lente.
Fusée instantanée (cordeau porte-feu).
Canette.
Auget de la fusée instantanée.
Auget du saucisson.
Couteau.
Ciseaux à découper.
Sécateur.
Pince plate.
Pince ronde.
Pince coupante.
Lime ronde dite queue de rat.
Papier de verre.
Fil de fer.
Ficelle fine.
Ficelle forte.
Fil fort.

Mastic Chatterton.
Mastic à base de caoutchouc.
Bande de toile cirée.
Feuille de caoutchouc non vulcanisé.
Benzine.
Pinceau.
Cire molle.
Capsule chargée de fulminate.
Cartouche amorce de dynamite.
Fil caoutchouté des parcs du génie.
Câble électrique id.
Conducteurs en fils de cuivre rouge.
Conducteurs en fil de fer.
Fil de cuivre fin, dit fil à ligature.
Amorce électrique.
Pile des parcs du génie, munie de ses accessoires.
Piles diverses.
Gabarit pour la vérification du diamètre des forages.

| | |
|---|---|
| Pile à eau. . . . . . .<br>Chlorure de sodium.<br>Galvanomètre. . . . . | Pour la vérification de l'amorçage des fourneaux à enflammer par l'électricité. |

# ERRATA

Page 6. — *Coupe suivant ABCD.* La figure doit être disposée ainsi qu'il suit :

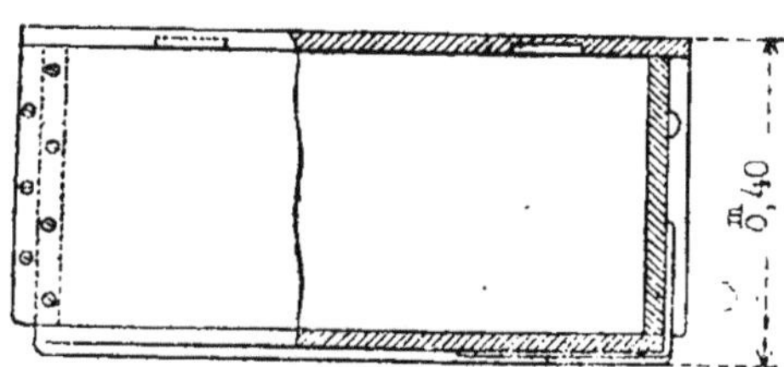


Coupe suivant ABCD. — Éch. 1/20.

| | | |
|---|---|---|
| Page 10, lignes 18 et 19. — | | Au lieu de 8 *à* 10 *millimètres*, mettre 10 *à* 12 *millimètres*. |
| — 60 | — 1 | Au lieu de *alors*, mettre *toujours*. |
| — 95 | — 14 | Au lieu de 20 *centimètres*, mettre 2 *centimètres*. |
| — 103 | — 23 et 24 | Au lieu de *on areprésenté* (*fig.* 57, 58, 59, 60), mettre *on a représenté* (*fig.* 57, 58, 59, 60). |
| — 115 | — 25 | Au lieu de (§ 83, *fig.* 27), mettre (§ 83, *fig.* 28). |

A. Quantin imprimeur
S. Benoît
à Paris

www.ingramcontent.com/pod-product-compliance
Ingram Content Group UK Ltd.
Pitfield, Milton Keynes, MK11 3LW, UK
UKHW022031170726
13837UKWH00002B/519